[C]omment vole un Aéroplane

par [C. S.] W. Rolls

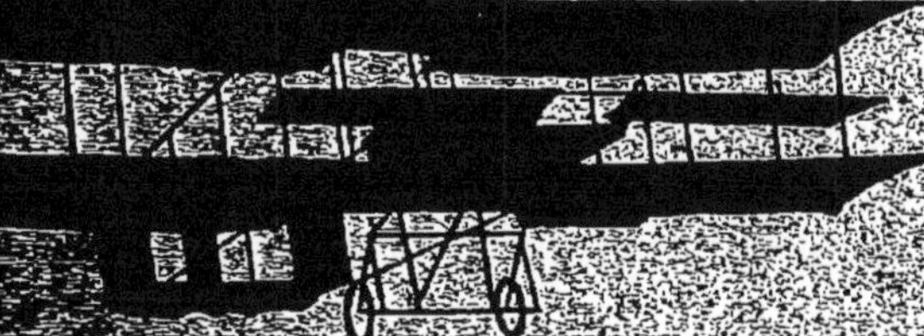

Comment vole un aéroplane

EN VENTE A LA MÊME LIBRAIRIE

W. ROLLS
(A.-R. GARNIER)

Comment vole un aéroplane

Avec 45 figures et 8 hors-texte

DEUXIÈME ÉDITION

PARIS
PIERRE ROGER ET Cie, ÉDITEURS
54, RUE JACOB, 54
1909

BIBLIOGRAPHIE

Sur le vol des oiseaux

Marey. *Vol des oiseaux.* Paris, 1890. — Marey. *La Machine animale. Le Vol des insectes.* Paris, 1873. — Mouillard. *L'Empire de l'air : essai d'ornithologie.* Paris, 1881. — Dupuy de Podio. *Essais sur le vol des oiseaux.* Paris, 1879. — Pompéin Piraud. *Les Secrets du coup d'ailes.* Paris, 1900. — Orgel. *Les Inventions et les Études de M. Pompéin Piraud sur le vol des oiseaux.* — Drzewiecki. *Les Oiseaux considérés comme des aéroplanes animés*, Paris, 1889.

Sur les petits modèles

Pénaud. *Appareil de vol mécanique.* Paris, 1871. — V. Tatin. *Éléments d'aviation.* Paris, 1908. — J. Lecornu. *Les Cerfs-volants.* Paris, 1893.

Sur les calculs

Colonel Vallier. *La Dynamique de l'aéroplane.* Paris, 1905. — Goupil. *Aérodynamique, Aviation.* Paris, 1904. — Greenhil. *Sur la résistance de l'air.* Paris, 1890. — R. Soreau. *Bulletin de la Société des ingénieurs civils de France.* — R. Soreau. *Navigation aérienne.* Paris, 1902. — Henry. *Étude du mouvement d'un aviateur-aéroplane.* Nantes, 1902. — Pénaud. *L'Aéronaute.* Janvier 1873. — Colonel Renard. *Revue de l'aéronautique* 1889 *et* 1890. — Capitaine Ferber. *Les Progrès de l'aviation par le vol plané.* Paris, 1907.

Sur les hélices aériennes

Drzewiecki. *Des hélices aériennes.* Paris, 1909. — Micciolo. *Théorie des hélices aériennes.* Paris, 1909. — H. Brosser. *L'Hélice propulsive.* Paris, 1906.

Sur les moteurs ultra-légers

G. Lumet. *Bulletin de la Société des ingénieurs civils de France.* Paris, 1908. — Robert Esnault-Pelterie. *Bulletin de la Société des ingénieurs civils de France.* Paris, 1908. — A. Farcot. *Bulletin de la Société des ingénieurs civils de France.* Paris, 1908. — Lauret. *La Vie automobile. Les Moteurs légers.* Paris, 1909.

Sur la navigation aérienne en général

Marclin. *La Navigation aérienne.* Paris, 1904. — De la Landelle. *Aérostation, Aviation.* — Banet Rivet. *L'Aéronautique.* Paris, 1898. — Chanute. *L'Aviation en Amérique.* Paris. 1903. — Tissandier. *La Navigation aérienne.* Paris, 1886. — Amaus. *Progrès récents de l'aviation.* Paris, 1906. — P. Bordé. *Congrès d'aérostation scientifique de* 1904. — Mora. *Aërolocomotion et aérautomobiles.* Paris, 1901.

L'Aéroplane " Blériot " passant au-dessus du rapide de Bordeaux.

(Voyage Etampes-Chevilly, le 13 juillet 1909.)

CHAPITRE PREMIER

Les Notions indispensables de Mécanique

Qu'est-ce que la vitesse? — Définition des différents mouvements. — Mouvement absolu. — Mouvement apparent.

LA notion de mouvement, solidaire de la notion d'espace et de temps s'acquiert par la simple observation d'un corps qui se déplace : une pierre qui tombe, un train de chemin de fer qui passe, un aéroplane qui vole. Les mécaniciens ont donné à ce corps le nom de *mobile*, et au chemin parcouru le nom de *trajectoire*. D'ailleurs, l'étude du mouvement d'un corps ne faisant intervenir qu'une seule de ses propriétés, son *inertie* (c'est-à-dire sa résistance au mouvement), à l'exclusion de toutes autres, même de l'étendue, on remplace schématiquement le corps par des points auxquels on suppose concentrée sa masse, et ainsi la trajectoire est une ligne purement géométrique. Suivant que cette ligne est droite ou courbe, le mouvement est *rectiligne* ou *curviligne*.

Qu'est-ce qu'un mouvement uniforme ? — Parmi les différents mouvements que peut prendre un mobile, il en est un, le plus simple, dans lequel ce mobile parcourt des espaces égaux dans des temps égaux : c'est le mouvement uniforme. Tel sera celui d'un aéroplane voyageant à son allure de régime. La vitesse est alors mesurée par l'espace (en mètres) franchi dans l'unité de temps (la seconde). On peut donc encore dire qu'elle est le quotient de l'espace parcouru par le temps employé à le parcourir.

Qu'est-ce qu'un mouvement varié ? — Le mouvement varié est beaucoup plus général. C'est, en effet, celui dans lequel un mobile parcourt des espaces inégaux dans des temps égaux. Tel est celui d'un aéroplane durant la période de lancement ou d'atterrissage. Il est évident qu'un pareil mouvement peut être varié d'une infinité de manières. Sa détermination exige la connaissance de la trajectoire du mobile, en même temps que d'une relation numérique entre l'espace parcouru et le temps employé à le parcourir.

Si on suppose que le mobile animé d'un tel mouvement passe d'un point M où il est à l'instant à un point M', on convient d'appeler *vitesse moyenne* ou mouvement varié, la vitesse avec laquelle se déplacerait un mobile fictif *m* qui, animé d'un *mouvement uniforme*, quitterait M et atteindrait M' avec le mobile réel considéré. Lorsque le point M' se rapproche indéfiniment, jusqu'à n'être plus qu'à une distance infiniment petite de M, la valeur de la vitesse moyenne avoisine de plus en plus celle des vitesses réelles, et, à la limite, elle représente la vitesse du mobile réel à l'instant précis où il passe en M.

Parmi les mouvements variés rectilignes, il en est un plus intéressant dans la pratique et plus simple que tous les autres, c'est celui dans lequel la vitesse croît ou décroît de quantités égales dans des temps égaux. On le désigne sous le nom de *mouvement rectiligne uniformément varié* (accéléré ou retardé suivant que la vitesse augmente ou diminue). L'accélération ou la retardation étant la quantité constante (en mètres) dont varie la vitesse dans l'unité de temps (la seconde).

Le premier mouvement est celui d'un corps qui tombe dans le vide, pour lequel l'accélération de la pesanteur est à Paris de 9 m. 81.

Le second mouvement est celui d'une pierre lancée verticalement de bas en haut.

Qu'est-ce qu'un mouvement absolu? Qu'est-ce qu'un mouvement relatif? — Nous avons jusqu'ici supposé que le mobile se déplaçait par rapport à un repère fixe, d'où nous comptions les espaces, sur une trajectoire rectiligne ou curviligne également fixe, autrement dit, nous n'avions envisagé que l'abstraction la plus simple du *mouvement absolu*. Mais on conçoit que cette hypothèse est irréalisable, car la nature ne nous offre que des repères participant eux-mêmes à un *mouvement d'entraînement*, conséquence immédiate de la double rotation de la terre.

Le mouvement du mobile, tel que nous l'étudions, est donc purement relatif, à la façon des allées et venues d'un aéronaute se déplaçant dans la nacelle d'un véhicule aérien en marche.

En résumé, lorsqu'un mobile se déplace par rapport à un repère A, idéalement fixe, ce mobile possède *un mouvement absolu.* Lorsque A se meut lui-même par rapport à un second repère B, supposé à son tour idéalement fixe, on dit que le mobile M est animé d'un *mouvement relatif* par rapport à A, et *absolu* par rapport à B.

L'important chapitre de la mécanique qu'est la cinématique, n'a d'autre objet que la détermination de l'un de ces mouvements, lorsqu'on connaît les deux autres.

Les forces et l'équilibre o
Résultante et composantes
Couple o o o o o o

On désigne sous le nom générique de force toute cause capable de produire ou de modifier un mouvement. Ainsi les hélices d'un aéroplane développent une force puisqu'elles produisent le mouvement; la résistance de l'air en développe une autre puisqu'elle le modifie. Nous ignorons en quoi consiste la force, la notion nous en est seulement fournie par la sensation de l'effort. Nous sommes donc conduits à la définir par trois éléments : son intensité, sa direction et son point d'application.

Lorsque plusieurs forces sont exercées sur un même corps, il peut arriver qu'elles se neutralisent mutuellement et que l'état de repos ou de mouvement ne se trouve pas modifié. On dit alors que le corps est *en équilibre*, ou encore que les forces sont équilibrées.

La mesure des forces se fait en les comparant à une force étalon prise comme unité. On a choisi à cet effet la force avec laquelle la pesanteur sollicite une masse d'eau pure d'un volume égal à 1 décimètre cube, c'est-à-dire à 1 kilogramme d'après la définition qui en est donnée par le système métrique.

Une force étant définie complètement par son intensité, sa direction et son point d'application, on la représentera par une ligne droite passant par ce point, dirigé dans le sens de la force, et sur laquelle on aura porté une unité de longueur arbitraire (par exemple le centimètre) autant de fois que la force donnée contient d'unité de force (le kilogramme).

Résultantes et composantes. — Il est évident que

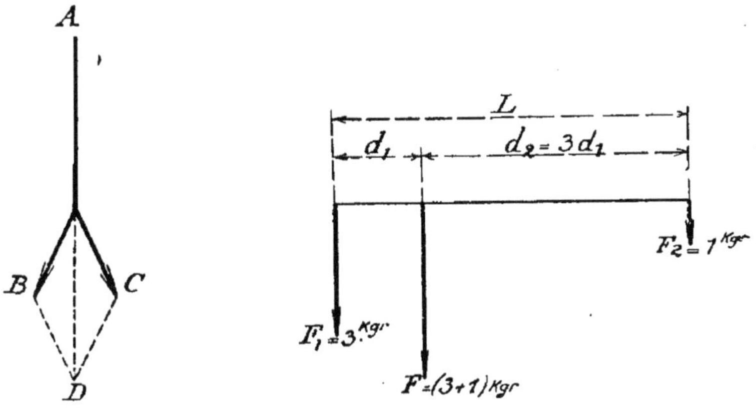

Résultante de forces concourantes.

Résultante de forces parallèles.

lorsque plusieurs forces, telles que A, B, C sont en équilibre, l'une quelconque d'entre elles, A, annule à elle seule l'action de toutes les autres. Par suite, une force fictive, telle que D, égale et opposée à A, est identique à l'ensemble B, C dans ses effets. On dit que D est la *résultante* de B et de C, et plus généralement on désignera par ce vocable toute force qui peut produire le même effet que plusieurs autres agissant simultanément. Celles-ci sont alors les *composantes* (B et C dans l'exemple choisi).

Le problème de la composition des forces, fondamental en mécanique, consiste à trouver la résultante d'un nombre de forces quelconques.

Lorsque deux forces seulement, passant par un même point, sont en jeu, leur résultante est la diagonale du parallélogramme construit sur les deux composantes.

Dans le cas particulier où ces deux forces sont parallèles, F_1 et F_2, et de même sens, la résultante est égale à leur somme, sa direction, parallèle aux composantes, et son point d'application, situé entre F_1 et F_2, à des distances d_1 et d_2, partageant la longueur L dans le rapport inverse de leur intensité. Ainsi en supposant que la force F_1 soit trois fois plus intense que la force F_2, la distance d_2 sera trois fois plus grande que la distance d_1.

Si l'on avait à composer un grand nombre de forces, concourant en un même point, et situées dans un même plan, la résultante générale s'obtiendrait en composant successivement les forces deux à deux, puis les résultantes.

Il est à remarquer que le mode de présentation et de composition des divers éléments d'une force peut être généralisé, et que les vitesses et les accélérations sont passibles des mêmes constructions géométriques.

Un produit fréquemment utile en mécanique est celui qui résulte de la multiplication de l'intensité d'une force F (kg.) par la distance *d* (mètres) qui sépare cette force d'un point particulier tel que P, cette distance étant comptée sur la perpendiculaire abaissée de P sur F.

On obtient ainsi le MOMENT *de la force F par rapport au point P.*

Couple. — On appelle couple le système formé par deux forces parallèles, égales et de sens contraire. Tel est celui qu'on peut supposer appliqué à la poulie d'un moteur pour vaincre l'effort résistant.

Qu'est-ce que le centre de gravité d'un corps? — Lorsqu'un corps est abandonné à lui-même, dans l'espace, il tombe en obéissant à la loi des mouvements

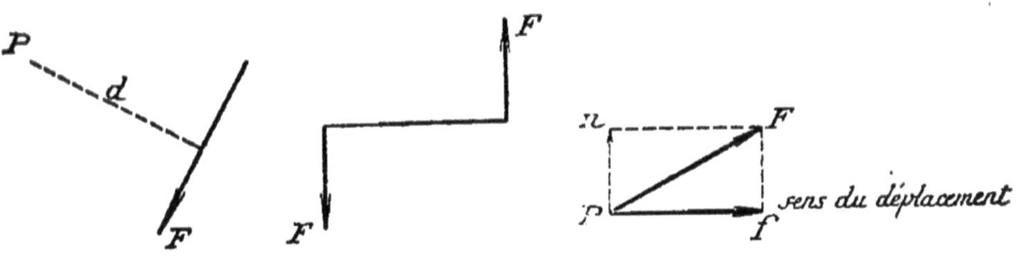

Moment d'une force. Couple. Travail d'une force oblique sur le sens de son déplacement.

uniformément accélérés. La résultante des forces agissantes de la pesanteur, parallèles, appliquées en tous ses points, n'est autre que le *poids* du corps, et son point d'application le *centre de gravité*. La position de ce dernier ne dépend ni de la direction commune des forces parallèles, ni de leur intensité ; autrement dit, le centre de gravité ne dépend pas de l'orientation du corps, il ne dépend pas davantage de la latitude et de l'altitude du lieu. Sa détermination est seulement fonction du mode de répartition de la masse.

Les conditions d'équilibre d'un corps solide pesant. — L'action de la pesanteur sur un corps solide, si compliqué qu'il soit, étant toujours réductible à une force unique, verticale, dirigée de haut en bas et appliquée en son centre de gravité. L'équilibre sera réalisé lorsque cette force sera compensée par une autre force égale et contraire située dans son prolongement. Ainsi nous dirons qu'un aéroplane est équilibré par rapport à la pesanteur lorsque la résultante des forces verticales F, ascendantes, appliquées sur lui et créées par la vitesse, atteindra une intensité égale et contraire au poids P, orienté dans son prolongement.

On conçoit immédiatement que si ces deux forces n'étaient pas sur la même verticale, elles formeraient,

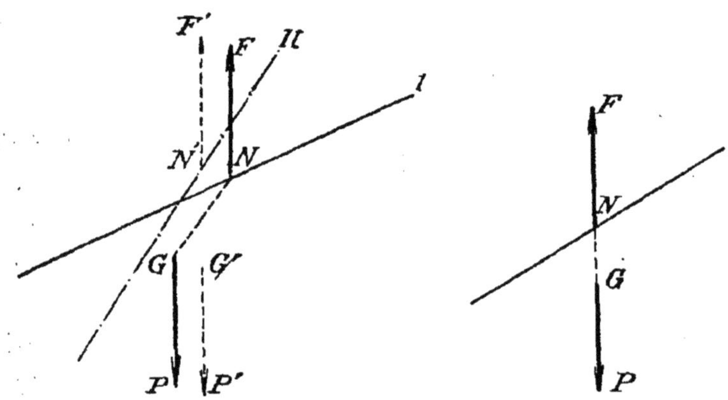

La stabilité de l'équilibre. Voilure en équilibre.

d'après notre définition, un couple de rappel réalisant les conditions inéluctables de la loi énoncée ci-dessus, FP devenant F'P'.

Conditions de stabilité. — Selon la position du centre de gravité par rapport au point d'application de l'effort sustenteur, l'équilibre sera stable ou instable. Il sera stable dans le cas des figures que nous venons de considérer, où le centre de gravité se trouve placé *au-dessous* du point d'attaque de la force ascendante, parce qu'une petite force perturbatrice créera un couple ramenant l'équilibre.

Il sera instable dans le cas inverse où le centre de gravité est placé *au-dessus* de ce point. Un très petit déplacement rotatif suffirait, en effet, à créer un couple qui, toujours pour satisfaire à la loi invariable énoncée ci-dessus, retournerait l'aéroplane *ex abrupto*.

Il convient de remarquer en passant, cette aptitude inflexible de la matière à réaliser l'état d'équilibre stable.

Nous terminerons ces notions sommaires par quelques considérations fondamentales sur le *travail mécanique*, la *puissance* et la *force vive*.

Qu'est-ce que le travail? — Qu'est-ce que la masse? — Qu'est-ce que la force vive d'un corps? — Une force produit un travail lorsqu'elle déplace le corps auquel elle est appliquée. Si son point d'application se meut dans la direction de la force, le travail est le produit arithmétique de l'espace (nombre de mètres) par l'intensité de la force (nombre de kilogrammes). Tel est le cas d'un poids que l'on soulève verticalement.

Que le déplacement rectiligne considéré ne soit pas dans la direction de la force et le travail n'est plus que le produit arithmétique de l'espace par la projection de la force sur la direction du déplacement.

L'unité pratique de travail est le *kilogrammètre* : c'est le travail à effectuer pour soulever 1 kilogramme à 1 mètre de hauteur.

La *masse* d'un corps résultant de la quantité de matière qu'il contient est une qualité indépendante de son état de repos ou de mouvement. Sa valeur numérique est le quotient du poids du corps en kilogrammes par l'accélération de la pesanteur.

Le produit de la masse d'un corps par le carré de la vitesse qu'il possède à un instant donné est la *force vive* du corps au même instant.

Entre le travail et la force vive, il existe une affinité très étroite. On démontre, en effet, que le travail développé par une force pour déplacer un corps est égal à la moitié de la force vive acquise par le corps pendant ce déplacement.

D'ailleurs la transformation réversible de la force vive en travail est d'observation fréquente. C'est, par exemple, l'effet destructeur d'un projectile atteignant un obstacle, et *l'énergie* d'un corps en mouvement n'est autre que son aptitude à vaincre les obstacles, que cette aptitude soit *actuelle* ou *latente*. Ainsi, une pierre immobile sur un appui élevé possède une *énergie latente* qui deviendra une *énergie actuelle* croissante si nous supprimons l'appui pour la laisser tomber.

On conçoit cependant que l'énergie développée par un moteur ne puisse être un élément caractéristique de ce moteur si l'on ne fait intervenir le temps nécessaire à la produire. On est ainsi amené à envisager la *puissance* qui est l'énergie émissible par unité de temps (la seconde).

L'unité ancienne de puissance est le *cheval-vapeur* (HP) correspondant au travail de 75 kilogrammètres effectué en *une* seconde. L'unité actuelle est le *poncelet* qui équivaut à 100 kilogrammètres-seconde et par suite à 1,36 cheval.

Ainsi deux moteurs de puissance très différentes pourront toujours fournir le même travail ; ils ne sauraient être différenciés que si l'on tient compte du temps nécessaire à chacun d'eux pour l'effectuer.

CHAPITRE DEUXIÈME

Divers procédés d'investigations

I. LES OISEAUX

LE problème de la conquête de l'espace à l'aide d'un appareil plus lourd que l'air étant posé, à quelles analogies dans la nature, à quelle direction dans les recherches, à quelles méthodes d'investigation demanderons-nous le secret de la solution?

A cette question, l'esprit songe invariablement à l'oiseau, ce modèle animé sur lequel il semble à la fois naturel et aisé d'appliquer l'observation. L'histoire nous apprend, cependant, que les nombreuses tentatives dirigées dans cette voie furent toutes infructueuses, et, en dépit des minutieuses recherches de Marey[1] sur le vol cinématographié des insectes et des oiseaux, en dépit des travaux mémorables de Mouillard[2] et de Bretonnière, les téméraires chercheurs d'ailes battantes se heurtèrent jusqu'ici à d'insurmontables difficultés.

---

1. MAREY, *Vol des oiseaux*. Paris, 1890.
2. MOUILLARD, *l'Empire de l'air*. Paris, 1881.

C'est qu'en réalité le vol de l'oiseau ne résulte pas simplement du jeu d'un mécanisme concret. A l'époque peu lointaine, où la possibilité de prendre appui sur l'air était encore contestée, on ne craignait pas d'expliquer le vol par l'action mystérieuse de la chaleur de l'air contenue dans les os. Aujourd'hui, on ne nie plus une affirmation qui a acquis si glorieusement l'autorité d'un fait, mais l'explication donnée de la sustentation des oiseaux demeure équivoque parmi des causes que certains rattachent à l'électricité, voire même à la radio-activité.

Ainsi l'oiseau posséderait la propriété tout à fait curieuse de s'alléger ou de s'appesantir au gré d'une loi inconnue. Point n'est besoin d'ajouter que ces hypothétiques conceptions ne sont que l'aveu dissimulé de notre ignorance sur une succession de phénomènes qui ne se dévoilent que trop lentement au gré de certains commentateurs.

Fort heureusement pour la cause de la science, de nombreux chercheurs plus pondérés et aussi moins épris de mystère n'ont pas craint d'abandonner ces pseudo-explications pour y substituer des raisonnements qui, inspirés de la mécanique pure, révèlent, sans le secours de considérations obscures, le secret du vol plané, du vol ramé, du vol à voile, primitivement réputés en contradiction, dans certaines de leurs phases, avec les principes inviolables de l'énergétique.

Pour peu qu'on ait examiné l'ossature de l'aile d'un oiseau, on a pu reconnaître trois articles, qui sont, en partant du corps, l'humérus, le cubitus et le radius — ces derniers solidaires — la main d'un seul bloc, avec un pouce distinct. L'humérus possède autour de son point d'articulation sur le corps du squelette, divers mouvements qui en font une sorte de bras de position et parmi lesquels se retrouve le mouvement familier d'écartement dans le plan des ailes. Les rémiges sont presque totalement fixées au cubitus, et, propriété indispensable, elles peuvent tourner autour de leur axe; permettant ainsi de supprimer, dans le coup d'aile, toute dépense de force à la remontée, et de frapper l'air avec le maximum d'effet durant la phase active de descente, à la manière d'un clapet qui formerait cloison

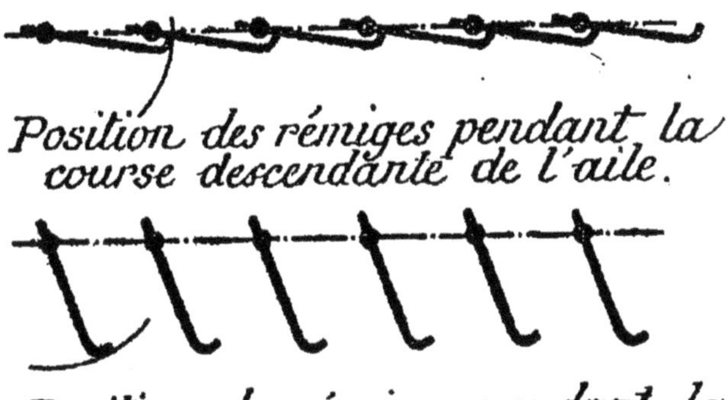

étanche dans le sens de la course motrice, et permettrait le libre passage du fluide dans le sens de la course de retour.

M. Henry, ingénieur de la marine, que ses recherches ont conduit à la conception d'un aéroplane fort judicieusement étudié, a imaginé des surfaces portantes rappelant, quant à leur constitution, les ailes de l'oiseau. Sans doute elles ne sont douées d'aucun battement et leur seul mouvement possible n'est qu'un déplacement angulaire autour d'un axe d'emmanchement perpendiculaire au plan de symétrie de l'appareil, mais elles permettent d'obtenir une série d'aires différentes, ce qui est une propriété fort importante, comme nous le verrons en examinant la marche d'un aéroplane à vitesse atténuée.

L'humérus est remplacé par un article que l'auteur désigne sous le nom de « bras de position » et qui n'est autre qu'un T articulé dans une douille folle sur l'axe d'emmanchement. Les extrémités de la traverse

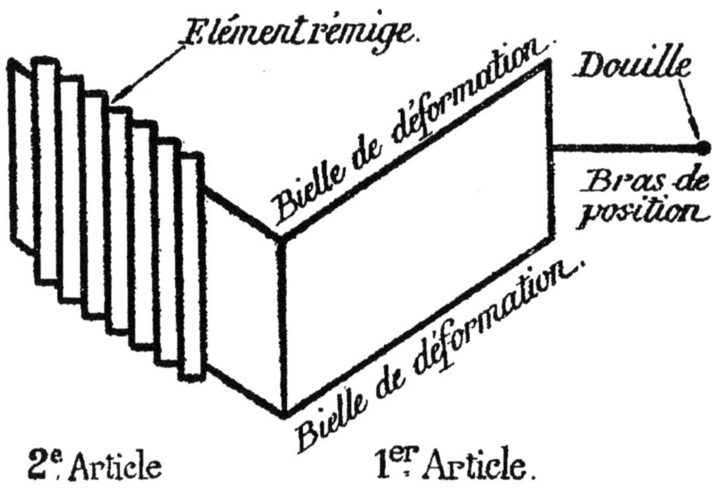

supérieure du T servent à leur tour d'articulations à deux bielles parallèles qui permettent de réaliser la surface nécessaire sur la première partie de l'aile, dite premier article. Un second article, identique au premier, vient s'articuler aux extrémités externes de celui-ci, comme le montre la figure. Chaque article étant constitué par une série de rectangles allongés, parallèles à la traverse courte du T, la simple superposition des rectangles sur deux ou trois plans permettra des variations de surface de un à deux ou de un à trois : il suffira pour cela de faire tourner l'une des bielles autour de son pied.

Enfin, il n'est pas sans intérêt de rappeler, dans ce rapide exposé, l'influence de la concavité des ailes qui, au repos, permet d'épouser les formes arrondies du corps, et, en plein vol, d'amplifier les effets aérodynamiques d'une surface plane, amplification sur laquelle nous aurons bientôt l'occasion de retenir l'attention du lecteur.

Qu'est-ce que le vol plané? — L'étude du vol plané offre un grand intérêt en raison des analogies qu'il présente avec les glissades d'aéroplanes mises en faveur par Pénaud[1] dans le but de déterminer la vitesse d'équilibre, le travail en vol horizontal et certains coefficients caractéristiques importants d'un volateur.

D'ailleurs, le planement de l'oiseau est un phénomène qui, pour être d'observation courante n'en demeure pas moins controversé et susceptible de diviser longtemps encore les théoriciens et les observateurs. Ceux-ci nient, en effet, la nécessité affirmée par ceux-là, d'un vent ascendant grâce auquel ce mode de locomotion peut s'effectuer sans dépense de force et apparaître ainsi comme la solution idéale du plus lourd que l'air.

On a émis sur ce sujet de très nombreuses hypothèses. Outre celle du vent ascendant, on a eu recours à l'électricité, à la radioactivité, aux vibrations rapides des rémiges pour tâcher d'assurer l'entente entre l'observation et la théorie, en sauvegardant la dignité de l'une et l'autorité de l'autre.

Fidèles à notre éclectisme et aussi à nos procédés d'exposition, nous soumettrons successivement à nos

1. *L'Aéronaute*, janvier 1873.

lecteurs quelques observations choisies parmi les arguments les mieux caractérisés de l'école naturaliste puis une explication récente de la seconde, qui semble devoir clore définitivement la discussion à la satisfaction de l'une et de l'autre.

Commençons donc par les arguments naturalistes :

Sur le flanc d'une montagne exposée au vent, un aigle plane indéfiniment sans donner un coup d'aile, et cela ne peut nous surprendre puisque le courant d'air y est ascendant et satisfait ainsi à la condition *sine qua non* des théoriciens. Mais tout à coup l'aigle s'élève bien au-dessus des cimes et il continue de planer, d'évoluer dans toutes les directions avec la même aisance. Le cas n'est pas rare d'avoir à observer en même temps d'autres planeurs jouissant de la même propriété, et, cependant, peut-on admettre, sans forcer la raison, l'existence sous chacun d'eux de courants ascendants ?

L'exemple des goélands et des mouettes n'offre-t-il pas aussi un argument précieux aux observateurs ? Par temps calme, ces volatiles évoluent, avec trois ou quatre coups d'aile à la seconde sur des plages où il est difficile de supposer un vent ascendant. La brise vient-elle à s'élever, ils suspendent les battements et cependant continuent à naviguer, *même contre le vent,* sans diminuer d'allure et sans effort.

Citons encore l'agachon de Provence, oiseau migrateur, qui, par prédilection, voyage couramment vent debout, aux mêmes allures que par temps calme et apparemment sans dépense de force.

En conclusion de ces faits, maintes fois constatés, et affirmés par des chercheurs dont la perspicacité et la bonne foi ne sauraient inspirer de doutes, la déduction

Le moteur d'aviation Renault.

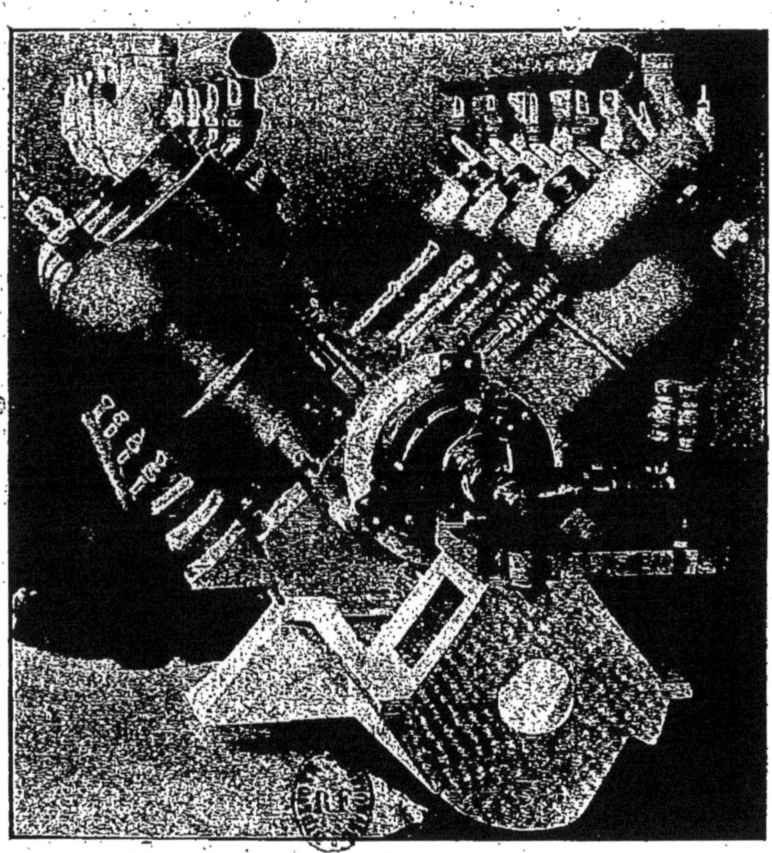

Le moteur d'aviation " Antoinette ".

abrégée des naturalistes est la suivante : il existe dans le vol des voiliers et des planeurs un phénomène inexpliqué qui doit être d'intérêt capital en aviation, et dont les causes ne pourront être légitimement admises qu'en partant de l'hypothèse d'un vent horizontal.

Laissons maintenant la parole aux théoriciens :

L'oiseau met à profit simultanément ou indépendam-

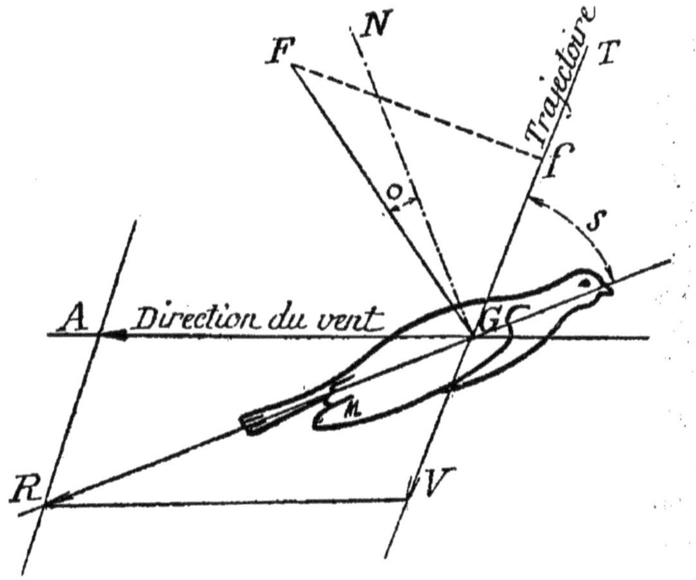

Forces exercées sur un oiseau-planeur.

ment les variations de vitesse du vent, ses changements d'orientation, ses courants ascendants. Il utilise habilement et suivant les circonstances ces différents moyens pour capter une partie de l'énergie solaire emmagasinée dans le vent. Voyons comment :

Soit G le centre de gravité d'un oiseau et GT sa trajectoire. Il se déplace avec une vitesse V et, par suite, le vent étant supposé avoir une direction GA, on pourra remplacer l'action de ces deux vitesses par une vitesse unique GR, résultante des premières. C'est celle-ci que nous considérerons désormais. Elle fournit sur les ailes une poussée que nous portons en GF, faisant, avec la normale GN, un petit angle O. Nous verrons, en examinant l'influence de la concavité des surfaces portantes d'aéroplanes, ce que cette construction a de légitime et d'admissible.

Dans ces conditions, si nous projetons la force GF, nous obtenons une composante G*f* motrice et, par suite, susceptible d'accroître l'énergie du planeur : nous la désignerons par *f*.

Si on appelle S l'angle formé par la vitesse relative de l'oiseau et la vitesse résultante, la discussion des différents cas possibles conduit aux conclusions suivantes, présentées pour la première fois à l'Académie des sciences, le 28 décembre 1908, et que nous résumerons au cas d'un vent horizontal.

En vent horizontal et à la condition que l'angle S soit supérieur à l'angle O, la force sera motrice quand l'oiseau montera vent debout, ou descendra vent arrière; elle le sera encore lorsque l'oiseau parcourra, dans un plan horizontal, un arc présentant sa convexité vers la région d'où souffle le vent.

La force *f* sera résistante dans les cas inverses et sans considération d'angle, lorsque, le vent étant horizontal, l'oiseau descendra vent debout ou montera vent arrière; elle le sera encore lorsque l'oiseau parcourra dans un plan horizontal un arc présentant sa concavité vers la région d'où souffle le vent.

Ces mêmes conclusions peuvent être énoncées sous une forme légèrement différente, eu égard à l'orientation des ailes :

La force *f* est *motrice* quand la surface interne des

ailes fait face au vent. Elle est *résistante* dans le cas contraire.

Il semble inutile d'ajouter que, dans le cas de vents ascendants, la composante f est amplifiée si elle est motrice et diminuée si elle est résistante.

Dans tout ce qui précède, nous n'avons pas cru nécessaire d'établir, à l'exemple de Marey, une distinction entre *le vol plané* et *le vol à voile*. En réalité, ils se différencient par la durée, le premier étant intermittent et alterné de coups d'ailes, alors que le second peut être pratiqué pendant un temps très long atteignant plusieurs heures. En outre, tandis que le vol plané semble plutôt employé par les petites espèces, le vol à voile est à peu près le mode de locomotion normal des oiseaux de grande taille. Cette remarque a conduit un certain nombre d'auteurs à faire intervenir dans la discussion un nouvel élément mécanique : *la masse*.

La théorie de M. Soreau sur les vagues aériennes qu'il assimile à des oscillations régulières que décèlent les ondulations d'un champ de blé, complète fort heureusement cette conception et il semble ainsi très rationnel de supposer que le voilier met à profit les ondes de sens inverse au sien pour s'élever et les ondes de même sens pour glisser avec chute minimum. Alors la masse devient le facteur important grâce auquel le voilier ne participe pas instantanément aux variations du vent et peut adopter l'attitude qui lui permettra d'en tirer parti.

Qu'est-ce que le vol ramé? — Le vol ramé n'est autre que la combinaison du vol à voile pratiqué concurremment avec des battements d'ailes.

Certains auteurs ont assimilé les oiseaux rameurs à des aéroplanes dans lesquels la propulsion serait assurée par ces battements. Il y a lieu de supposer cependant que ceux-ci modifient considérablement la surface active et l'effort à l'avancement, de sorte que l'assimilation précédente ne peut être acceptée que sous réserve.

En ce qui concerne le mode de locomotion mixte qu'est le vol ramé, les conclusions précédentes sur le vol à voile y sont applicables.

Tel est l'enseignement auquel il convient de limiter le vol des oiseaux. Et cette conclusion doit être aussi un conseil implicitement offert aux trop fervents adeptes de l'imitation absolue de la nature, aux innombrables inventeurs d'ailes battantes : leurs aînés, depuis Clément Ader (*l'École, 1890*), jusqu'à Albert Bazin, y ont vainement dépensé leur persévérance et leur ingéniosité.

II. LES PETITS MODÈLES

Certes, les créateurs de petits modèles se sont montrés plus avisés en bornant leur efforts à expérimenter, en vol libre, une reproduction à échelle réduite du véhicule aérien qu'ils préconisent comme le fruit de leurs conceptions. A cet égard, quelle longue liste pourrions-nous dresser qui, à défaut de résultats effectifs, enregistrerait la multitude des élucubrations ignorées devenant ainsi le livre d'or d'innombrables effets, acharnés, utopiques, stériles.

Le premier modèle qui reçut les honneurs de la publicité date de 1843. Il avait été créé par Henson à l'image de l'aéroplane que sir George Cayley avait conçu en 1809 et pour lequel les résultats d'essais avaient été, paraît-il, assez encourageants. Il se composait d'un chariot supportant la voilure, d'un empennage en forme d'éventail articulé, d'un gouvernail et de deux roues à palettes propulsives recevant l'énergie d'une machine à vapeur.

Les résultats furent à peu près nuls et il faut arriver au petit modèle de Pénaud [1] pour trouver un diminutif d'appareil qui eût entre autres mérites, celui de prouver

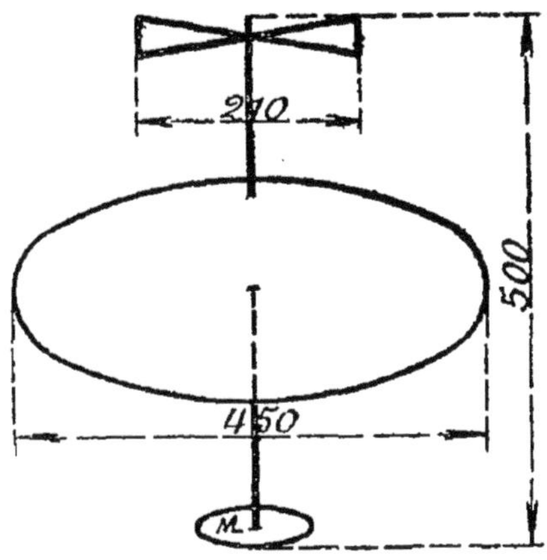

Petit modèle de Pénaud.

aux sceptiques la possibilité de prendre appui sur un fluide élastique tel que l'air.

Il était fort simple, en vérité, l'aéroplane de Pénaud, auquel quelques brins de caoutchouc tordus sur eux-mêmes communiquaient la force motrice. Une tige d'environ 50 centimètres supportait la voilure en forme de fuseau convexe de 45 centimètres d'envergure et 11 centimètres de profondeur. Le roulis, grâce à cette forme, était à peu près nul et un minuscule gouvernail, placé à l'arrière, atténuait fort judicieusement les effets du tangage.

1. Pénaud, *Appareil de vol mécanique*. Paris, 1871.

Le propulseur était une hélice de 20 centimètres de diamètre et de 32 centimètres de pas, placée à l'avant et actionnée par un fil de caoutchouc tordu autour de son axe.

Les données mécaniques et résultats d'expériences obtenus furent les suivants :

Vitesse : 3 à 4 mètres par seconde.
Poids total de l'appareil : 16 grammes.

Travail absorbé par la sustentation. .	6,1	grammètres.
— *par l'hélice.*	19,7	—
— *par la translation.* .	7	—
Total . . .	32,8	grammètres.

Ces chiffres montrent la faible proportion de travail utilisé comparativement au travail fourni et aussi l'imperfection de l'hélice qui absorbe à elle seule 60 0/0 de l'énergie disponible.

M. Tatin, dont nous aurons souvent à citer les beaux travaux, reprit les expériences de Pénaud. Il modifia la construction et la forme de la voilure, réduisit le pas de l'hélice. Ses résultats furent sensiblement meilleurs. Cependant, il comprit que les expériences effectuées sur de tels appareils ne sont susceptibles d'aucune déduction quantitative, d'abord, en raison des faibles vitesses utilisées (3 à 4 mètres), ensuite, à cause des trop nombreuses défectuosités de construction.

Il pensa que ses recherches, pour atteindre un sens pratique, devraient être poursuivies sur des appareils plus vastes et, par suite, mieux accessibles aux mesures. De cette idée première, naquit son appareil à air comprimé, que nous donnons en schéma ci-contre et sur lequel le lecteur découvrira les indices d'un acheminement vers l'engin véritablement mécanique ; adoption de deux hélices de pas inverse, d'une proue fusiforme, etc...

Il se composait essentiellement d'un cylindre en acier, à fonds coniques, d'une capacité d'environ 8 litres. L'air y était comprimé à 7 kilogrammes, en vue d'actionner un petit moteur de 1/20 de cheval. La voilure, en taffetas de soie, tendue sur des cadres de roseaux,

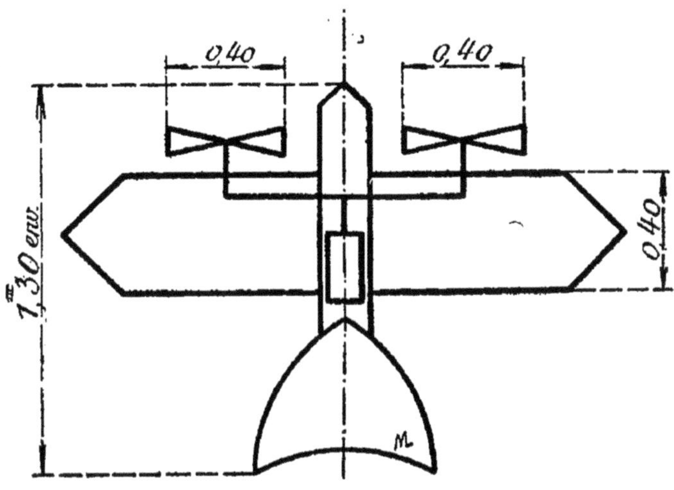

Vue schématique du petit modèle à air comprimé de M. V. Tatin.

formait un angle dièdre très ouvert et sa surface totale atteignait 76 décimètres carrés. L'angle d'incidence sur la trajectoire était de 7°.

Un empennage horizontal important formait la partie arrière, les hélices de 40 centimètres de diamètre et de pas inverse de 0 m. 46 ayant été disposées à l'avant, afin d'évoluer dans un air non troublé. L'ensemble était monté sur un frêle tricycle dans le but d'éviter que les hélices heurtent le sol durant la période de lancement.

Les expériences furent effectuées sur une piste circulaire de 40 mètres de circonférence au centre de laquelle était fixé un petit cordage amarrant l'appareil dans le sens radial centrifuge. A la vitesse de 8 mètres par seconde, le planeur quittait le sol et continuait son évolution dans l'air.

La conclusion des essais a été résumée ci-dessous :

Vitesse : 8 mètres par seconde.
Poids total : 1 kg. 750

	Kgm.
Travail absorbé pour la sustentation	1,80
— — *par les hélices*	0,65
— — *par la translation et le frottement de l'air*	0,80
Total	3,25

Le rapprochement de ces chiffres avec les résultats numériques obtenus par Penaud montre le sensible progrès réalisé sur le rendement des hélices, bien qu'il y ait lieu encore de considérer celles-ci comme très imparfaites et susceptibles d'une efficacité meilleure.

Par contre, ces valeurs révèlent une perte de travail de 31 p. 100 due au frottement de l'air et à la translation de l'ensemble, supérieure, par conséquent, à celle de l'appareil Pénaud, mais si l'on considère que la vitesse a plus que doublé (ce qui multiplie par 8 le travail de translation), la nouvelle machine reste très supérieure à la première.

Cependant, malgré ces améliorations notables, on se rend compte qu'en raison de sa vitesse, ce petit modèle n'offre qu'un enseignement bien précaire. D'ailleurs quelle est la part d'énergie perdue dans le travail de translation par la défectuosité de l'appareil envisagé comme projectile et aussi quelle est celle due au frottement ? La séparation en était fort difficile par le calcul. M. Tatin évita avec raison de s'engager dans les dédales mathématiques, et il décida de construire, en collaboration avec le professeur Richet, un nouvel engin, plus grand, plus lourd et mieux étudié quant à sa résistance à l'avancement.

Ce nouvel appareil, comme on s'en rendra compte

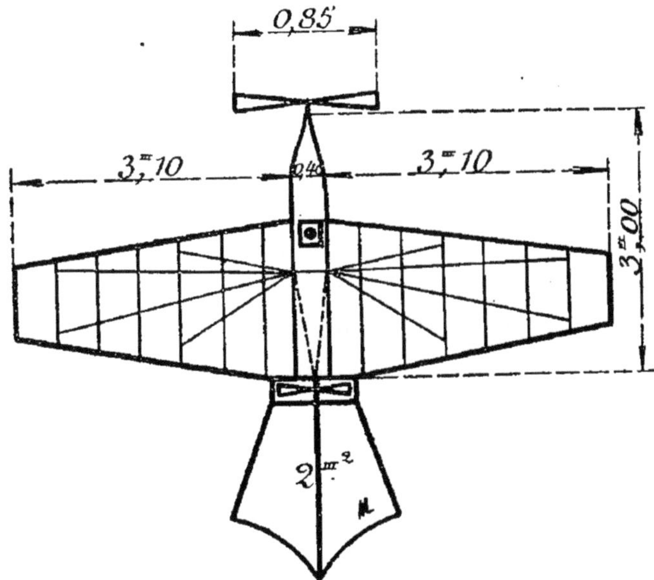

Vue du petit modèle à vapeur de MM. Tatin et Richet.

sur la figure ci-jointe, présentait des caractéristiques de poids et d'encombrement sensiblement plus considérables que les précédents.

Il était formé d'une nacelle fusiforme, de section carrée de 0 m. 40 de côté à laquelle étaient maintenus rigidement deux plans trapézoïdaux donnant à l'ensemble 6 m. 60 d'envergure, et une surface d'attaque de 8 mètres carrés.

A l'arrière, une surface caudale de 2 mètres carrés

formant gouvernail, assurait l'équilibrage automatique longitudinal de l'aéroplane.

Quant à la propulsion, elle était réalisée à l'aide de deux hélices de 0 m. 85 de diamètre placées l'une à la proue, l'autre à la poupe de la nacelle, et dont les pas, assez longs, atteignaient 1 diamètre 1/2, soit 1 m. 28. Ces pas étaient inverses sur les deux propulseurs et le petit moteur à vapeur de 1 poncelet 1/4, qu'on était difficilement parvenu à loger dans la faible hauteur disponible, attaquait directement la première, l'autre y étant conjuguée par une commande à engrenage.

Sans nous attarder à rappeler l'historique des expériences dont il fut l'objet, nous ferons remarquer qu'il atteignit une vitesse de 17 m. 50, ce qui peut être considéré comme un excellent résultat, eu égard à sa qualité projectile et au rendement des hélices qui ne saurait être facilement dépassé. Toutefois, le travail perdu en frottement était considérable et cela s'explique par les aspérités que présentait le tissu constituant les plans sustentateurs. Nul doute qu'à l'aide d'une étoffe de soie vernie et parfaitement tendue, telle que la ponghée de Chine, on ne soit parvenu à diminuer dans une très large mesure le chiffre trouvé pour cette perte d'énergie.

Citons enfin pour mémoire le petit modèle n° 2 de Langley, qui, inspiré de celui de Pénaud, présentait une surface portante de 4 mètres carrés et un poids total de 11 kilogrammes, y compris le petit moteur de 1 cheval destiné à l'actionner. Ce planeur eut son jour de triomphe. Ce fut le 28 novembre 1896, où il vola 1 min. 45 s. parcourant 1 600 mètres à la vitesse de 13 mètres à la seconde, s'attribuant ainsi le record de distance, qui ne devait être battu que plusieurs années après par les frères Wright.

De ces exemples rapides, choisis parmi les petits modèles les mieux étudiés, le lecteur jugera sur l'enseignement qu'il convient d'en tirer. Bien qu'ils ne développent les vitesses que nous rencontrons dans les appareils à vol libre, le rendement de leur propulseur l'influence de la résistance à l'avancement, de l'allongement et de l'incidence des plans porteurs, du frottement de l'air sur les agrès sont des résultats qui, pour rester tout qualificatifs, n'en sont pas moins fort précieux.

Comment on agrandit un petit modèle. — Mais une question se pose maintenant qui réside dans l'amplification du petit modèle, auquel nous accorderons d'avoir satisfait à toutes les conditions d'une sévère expérimentation. Comment l'effort de traction, comment la vitesse augmenteront-ils lorsque les dimensions de l'aéroplane auront été elle-mêmes agrandies un certain nombre de fois?

On sait déjà, d'après les lois élémentaires de la similitude géométrique que, lorsque les dimensions d'une surface sont multipliées par un coefficient d'amplification, cette surface est elle-même multipliée par le carré de ce coefficient; que si cette amplification linéaire porte sur les arêtes d'un volume, celui-ci est multiplié par le cube du facteur d'agrandissement. Cette dernière proposition est encore vraie pour les poids de deux volumes semblables d'un même corps, puisque la densité reste constante.

L'extension de ces données au cas qui nous occupe conduit aux conclusions approchées suivantes :

I. *L'effort de traction étant à peu près proportionnel au poids soulevé sera, dans le modèle définitif, multiplié par le cube du coefficient d'amplification.*

II. *La vitesse de l'appareil agrandi sera égale à la vitesse du petit modèle multipliée par la racine carrée du coefficient d'amplification.*

III. *La puissance du nouveau moteur nécessaire à actionner l'appareil agrandi sera égale à la puissance du moteur initial multipliée d'abord par la racine carrée du coefficient d'amplification, puis par le cube de ce coefficient.*

IV. *L'hélice amplifiée devra faire un nombre de tours qui sera celui de l'hélice initiale divisé par la racine carrée du rapport d'agrandissement.*

Telles sont les règles fondamentales grâce auxquelles il sera possible d'étendre au planeur définitif les qualités sustentatrices éprouvées du petit modèle.

Application. — Afin d'en bien fixer l'emploi dans l'esprit du lecteur, nous donnons ci-dessous une application de ces résultats au cas d'un petit modèle de Tatin; le second, par exemple, que nous supposerons devoir être doublé (coefficient d'amplification égal à 2).

Les résultats numériques sont alors les suivants :

Éléments caractéristiques.	Petit modèle.	Modèle amplifié.
Envergure	$6^{m},60$	$13^{m}, 20$
Poids total........	$33^{kg.}$	(33×2^{3}) $264^{kg.}$
Surface portante...	8^{m2}	$(8^{m2} \times 22)$ 32^{m2}
Allure............	$17^{m},50$	$(17^{m},5 \times \sqrt{2})$ $24^{m},675$
Puissance du moteur............	125^{kgm},sec. $= 1^{HP},66$	$(125 \times 2^{3}\sqrt{2}) = 18^{HP},8$
Vitesse des hélices (en tours par seconde)..........	16	$\left(16 \times \frac{1}{\sqrt{2}}\right) = 11$ env.

Cependant, il convient d'ajouter que le *poids utile* — caractéristique pratique d'un aéroplane — n'augmente pas, ainsi qu'on pourrait le croire, dans le rapport du cube coefficient d'agrandissement, car le poids du moteur croît plus rapidement que le poids total soulevé ; on conçoit donc que les *amplifications* successives et croissantes d'un modèle initial, formant ainsi, dans leurs réalisations d'ensemble, *une famille d'aéroplanes*, n'impliquent pas forcément une *augmentation* correspondante du poids utile, et qu'on peut trouver une valeur du coefficient d'amplification au delà de laquelle le poids utile n'augmente plus sensiblement et peut même diminuer. Autrement dit, il existe dans chaque famille d'aéroplane, un appareil *qui n'est pas le plus grand* et qui, cependant, peut soulever un poids utile supérieur à tous ses congénères.

D'ailleurs ce poids utile maximum augmentera avec la puissance spécifique du moteur [1], c'est-à-dire qu'il sera d'autant plus considérable que le moteur sera plus léger et c'est ce qui explique qu'à l'époque où l'on ne disposait que de moteurs pesant 10 kilogrammes par cheval il était fort difficile d'obtenir des résultats satisfaisants en amplifiant même *exagérément* les dimensions d'un petit modèle éprouvé.

Notons toutefois que les aéroplanes étant des véhicules destinés, comme nous le verrons, à voyager à de très grandes vitesses (150 à 200 kilomètres à l'heure), ils devront être étudiés et construits *moins* dans le sens de leur *amplification* géométrique que du *renforcement* de leurs pièces mécaniques.

A cet égard, la méthode que nous venons d'expo-

---

1. On désigne ainsi la puissance du moteur rapportée au kilogramme-poids. Ainsi la puissance spécifique d'un moteur de 100 chevaux pesant 200 kilogrammes sera de 1/2 cheval au kilogramme.

ser, bien que d'application facile, est, à ce point de vue, critiquable, pour négliger les effets mécaniques dus à la vitesse dans la détermination de l'épaisseur des agrès, des haubans, en un mot des différentes pièces de résistance. Nous attirerons donc l'attention du lecteur sur la prudence qui doit présider à son emploi, et le reverrons à un procédé de calcul récent permettant de suppléer à cette insuffisance [1].

Comme conclusion de ce chapitre consacré aux petits modèles, nous retiendrons qu'ils présentent un intérêt incontestable quant aux indications qualitatives qu'on en peut tirer sur les qualités à l'avancement et à la stabilité d'une forme déterminée, mais que l'extension de ces résultats au volateur définitif ne sera permise qu'avec la plus grande circonspection : outre les divergences irréductibles dont nous avons parlé entre le prototype et ses similaires, la nécessité d'employer des matériaux différents sera presque inévitable. D'importantes modifications de construction en seront la conséquence, avec leur cortège d'influences pertubatrices qui ne laisseront pas d'infirmer les premiers résultats obtenus. Et ainsi, l'intérêt de la méthode expérimentale, chère aux créateurs de petits modèles, en est sensiblement amoindri.

III. L'APPORT DE LA THÉORIE EN AVIATION

Après avoir procédé à l'examen critique des méthodes d'investigation fondées d'une part sur l'observation du vol des oiseaux, d'autre part sur l'expérimentation des petits modèles, nous devons maintenant envisager le profit qu'il est possible de tirer des spéculations théoriques.

---

1. Académie des Sciences. *Comptes rendus*, juillet 1908.

Que le lecteur ne s'effraye pas à l'idée de complications que lui suggère, sans doute, une telle proposition. Notre intention s'avoue plus modeste. D'ailleurs, nous n'aurions aucune peine à corriger notre enthousiasme par la seule pensée de la stérilité reconnue des tentatives mathématiques dans le mécanisme des fluides.

En ce domaine, l'œuvre de la science pure, présente une fragilité extrême : l'introduction des principes de la mécanique n'y est souvent possible qu'à la condition de faire appel à des hypothèses simplificatrices qui idéalisent le phénomène envisagé au point de lui enlever toute apparence de vie réelle. Nulle part ailleurs plus que parmi ces faits inexplicables, où le procédé mathématique reste impuissant, nous ne sommes mieux en droit de dire avec Fresnel que la nature se joue des difficultés analytiques. C'est bien ce qui explique l'appréhension avec laquelle un aviateur se résout à étayer ses affirmations des résultats d'un calcul *ex cathedra*.

Aussi, dans le chapitre qui va suivre, nous négligerons les spéculations que peut fournir la mise en œuvre de l'appareil algébrique, pour borner notre exposé aux résultats théoriques *homologués* par l'expérience.

Quel est l'effort à exercer pour déplacer une voilure plane et mince normalement à son plan ? — L'expérience journalière nous apprend que si, dans une atmosphère calme, on essaye de mouvoir un plan orienté perpendiculairement à son déplacement, la résistance éprouvée augmente en même temps que la vitesse communiquée au plan et avec l'aire de ce dernier.

Nous savons également bien que la même expérience, réalisée dans l'eau dans des conditions identiques de surface et de vitesse, oblige à un effort plus grand dans ce second cas que dans le premier, et cela s'explique aisément, si l'on fait l'hypothèse d'un égal volume de fluide déplacé, puisqu'alors les masses à mouvoir sont différentes, comme le sont les densités.

Ainsi nos observations, pour banales qu'elles soient, nous enseignent la dépendance qualitative de l'effort

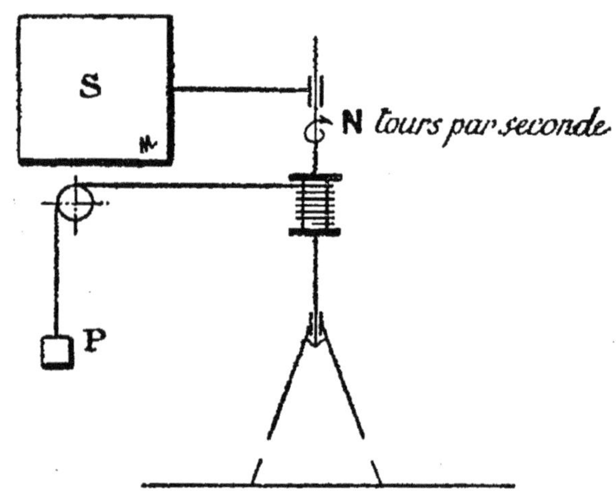

Cas d'un déplacement orthogonal.
Schéma d'un appareil propre à déterminer la réaction du vent sur un plan en mouvement.

à la surface et à la vitesse du plan, à la densité du milieu. Voyons quel en peut être le rapport quantitatif.

Imaginons un appareil du genre de celui figuré ci-contre. Il est composé d'un arbre vertical tournant autour de son axe sous l'action de descente d'un poids P auquel il est lié par une cordelette enroulée sur lui. Un bras horizontal lui est solidaire et porte à son extrémité libre le plan à essayer S. Enfin, l'ensemble est supporté par un chevalet de grande hauteur procurant au poids moteur une course suffisante.

1° *L'effort augmente comme l'aire de la voilure.* —

Wilbur Wright au Pont-Long.

Supposons donc un plan vertical S fixé sur l'appareil.

Le poids P étant à l'extrémité de course supérieure, laissons-le descendre ; l'allure de la palette S augmente rapidement, la résistance de l'air au mouvement croît, et un moment arrive où elle compense l'effort moteur.

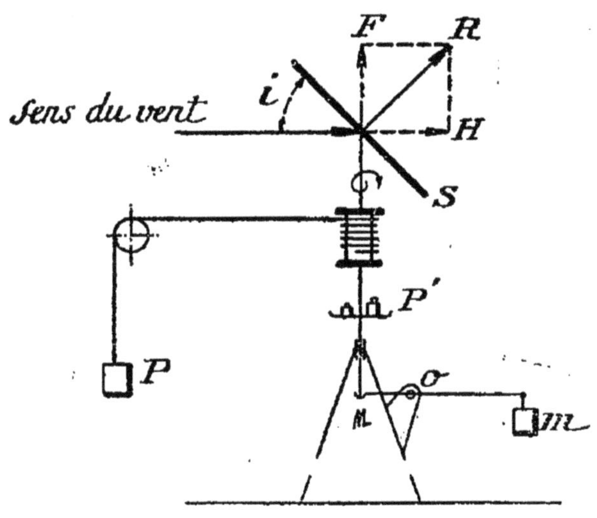

Cas d'un emplacement oblique.
Schéma d'un appareil propre à déterminer la réaction du vent sur un plan en mouvement.

On s'en aperçoit à ce que le mouvement étant devenu uniforme, la vitesse de rotation reste constante. Évaluons celle-ci à l'aide d'un compte-tours, soit N. Soit aussi P, le poids moteur en kilogrammes.

Pratiquons ainsi consécutivement plusieurs expériences sur des plans de surfaces différentes (double, triple, quadruple de la première, par exemple) en imposant à chaque opération la même vitesse uniforme N^{tours} par simple changement du poids P.

Le rapprochement des résultats ainsi obtenus montre que, lorsqu'on amplifie la surface S (au double, triple, quadruple de sa valeur initiale, par exemple), le poids P nécessaire à l'obtention de la vitesse uniforme N, par conséquent équivalent à l'effort résistant, augmente dans le même rapport (devient double, triple, quadruple de sa valeur initiale, dans l'exemple choisi). C'est ce que les mathématiciens énoncent sous la forme suivante : *l'effort résistant est proportionnel à l'aire de la voilure.*

2° *L'effort résistant augmente comme le carré de la vitesse du déplacement de la voilure.* — Reprenons l'appareil précédent et, *conservant la même surface S*, modifions le poids P, jusqu'à obtenir des vitesses uniformes douple, triple, quadruple de la vitesse initiale N. On n'y parviendra qu'après une série de tâtonnements. Les résultats montrent alors que ces accroissements d'allure ne sont accessibles qu'avec des poids moteurs respectivement quatre, neuf, seize fois plus grands que le poids initial. C'est la loi de *proportionnalité de l'effort résistant au carré de la vitesse du déplacement.*

3° *L'effort résistant augmente comme la densité du milieu.* — Nous en avons fourni plus haut une vérification grossière.

En ce qui concerne les gaz et l'air, en particulier, la physique nous apprend que cette densité diminue quand la pression du fluide diminue (lorsqu'on s'élève dans l'air, par exemple) ou encore quand la température augmente. Cette double influence conduit à la conséquence suivante : l'effort résistant opposé à une voilure plane et mince se déplaçant dans l'air calme, sera d'autant moindre que la température sera plus haute et la pression atmosphérique plus basse, ou, ce qui revient au même, l'altitude plus élevée.

Ainsi, pour obtenir la valeur numérique de l'effort résistant (en kilogrammes), qui résulte du déplacement d'un plan mince perpendiculairement à son orientation, il suffira de multiplier la surface exprimée en mètres carrés par la densité de l'air, puis par le carré de la vitesse exprimée en mètres par seconde, puis, enfin, par un nombre désigné sous le nom de *coefficient de proportionnalité.*

Ce nombre, d'importance considérable, a été déterminé expérimentalement par plusieurs savants qui en ont donné des valeurs assez discordantes, ainsi qu'en pourra juger le lecteur sur le tableau suivant, où il est fourni multiplié par la densité de l'air (1,293) :

Expérimentateurs. —	Valeurs diverses du coefficient de proportionnalité multiplié par la densité de l'air. —
Poncelet	0,066
Robert et Morin	0,084
Borda	0,096
Dubnat	0,089
Joëssel	0,102
Desdouits, Goupil, Marey	0,130
Colonel Renard	0,085
Langley	0,0847
Le Dantec	0,081
Cailletet et Collardeau	0,071
Canovetti	0,078 à 0,09
Eiffel	0,074

Ces divergences résultent de ce que la simplicité supposée du mécanisme de l'écoulement de l'air parmi les différentes influences que nous venons d'envisager (surface, vitesse) n'est qu'apparente. S'il en était autrement, cette simplicité s'affirmerait par la multiplicité des mesures : or, le complexe se découvre sous le simple dès que la précision des essais augmente. Le coefficient expérimental de proportionnalité ne devrait donc pas être considéré comme fixe, mais au contraire variable avec d'autres facteurs parmi lesquels on retrouverait sans doute la configuration de la surface, son aire et la vitesse.

Toutefois, en raison d'influences étrangères dont l'effet perturbateur ne saurait être numériquement exprimé, on se contente des approximations fournies par les coefficients enregistrés ci-dessus et, à cet égard, les chiffres préconisés par M. Eiffel sont ceux auxquels on est le plus en droit d'accorder confiance.

Cas d'une voilure plane et mince faisant un angle inférieur à 90° avec sa trajectoire. — Nous n'avons supposé jusqu'ici que le cas d'un plan se déplaçant orthogonalement, c'est-à-dire perpendiculairement à son orientation. Qu'arrivera-t-il si l'on incline ce plan d'un angle quelconque sur sa trajectoire?

L'observation des faits, effectuée à l'aide de l'appareil précédent, montre que les lois énoncées sur la résistance à l'avancement, eu égard à la vitesse, à la surface de la voilure et à la densité du milieu, subsistent entièrement; mais en outre, on vérifie que le poids moteur P et, par suite, l'effort résistant diminuent avec l'angle d'inclinaison, si bien que, lorsque celui-ci devient nul, le poids P est réduit à la valeur des résistances passives, telles que le frottement, dues aux défectuosités mécaniques de l'appareil.

Pour rester dans la vérité, nous devons dire cependant que le poids P ne mesure pas, dans le cas le plus général, la pression réellement exercée par l'air sur le plan en mouvement, mais seulement l'effort résistant à l'avancement horizontal qui n'en est que la composante horizontale. Si, en effet, nous modifions notre appareil de telle façon que son axe puisse se déplacer dans le sens vertical, nous constaterons qu'en marche, le plan incliné tend à s'élever si bien que, pour ramener le système à sa position d'équilibre initiale, nous serons obligés de charger l'axe d'un poids P′ qui mesurera l'effort ascendant exercé.

Ainsi nous sommes amenés à envisager la réaction totale R exercée par l'air sur le plan comme une force unique normale au plan et dont les composantes horizontale H et verticale F sont équilibrées dès que la vitesse de régime uniforme est atteinte, par les poids respectifs P et P′ (ce dernier étant, de plus, complété du poids de la partie mobile de l'appareil).

La composante horizontale H est désignée sous le nom de *résistance à l'avancement*, la composante verticale F, sous le nom *d'effort sustentateur*. Dans un aéroplane voyageant à vitesse uniforme, la première est équilibrée par l'*effort de propulsion* fourni par les hélices, la seconde est équilibrée par le *poids mort* global de l'appareil. On conçoit ainsi que, la résistance à l'avancement diminuant avec l'angle d'inclinaison, alors que l'effort sustentateur augmente, la nécessité d'un petit angle d'attaque devient la condition optime vers laquelle doit tendre le constructeur d'aéroplanes pour atteindre un bon rendement industriel.

Ceci nous conduit à la définition suivante : *l'aéroplane est un véhicule aérien dont la sustentation est réalisée par un mouvement de propulsion horizontal imprimé à une ou plusieurs surfaces faiblement inclinées sur leur trajectoire.*

En définitive, nous retiendrons de ce qui précède,

que l'action du vent sur un plan fixe, ou, ce qui revient au même, la réaction de l'air supposé calme sur un plan en mouvement se résume, en première analyse, à une force R proportionnelle à la surface, à la densité du milieu, au carré de la vitesse et normale au plan en un point variable que nous définirons bientôt. La force R diminue — ainsi que ses composantes — avec l'angle d'inclinaison. Toutefois, de deux voilures d'incidence différente qui, par l'inégalité de leur surface

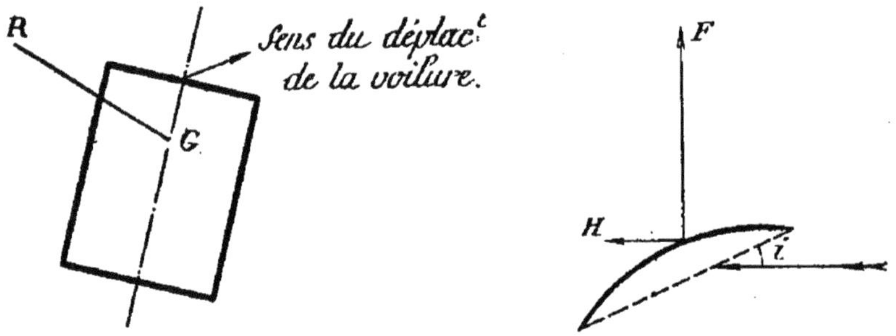

Position du centre de pression. Influence du profil de la voilure.

ou de leur vitesse, produisent la même résultante normale R, *la plus inclinée* fournit le plus grand effort sustentateur et la plus faible résistance à l'avancement. Quoi qu'il en soit, cette dernière, si petite qu'elle soit, ne peut jamais être complètement annulée, car il n'est pas possible d'engendrer la première — la seule utile — sans voir apparaître la seconde qui en est, pour ainsi dire, le *prix*.

Le point d'application de la pression. — Dans le cas du déplacement orthogonal, où la pression totale s'identifie à l'effort résistant à l'avancement, le point d'application de la pression coïncide avec le centre de figure. C'est-à-dire, dans le cas du rectangle, avec le point de croisement des diagonales. Lorsque le plan s'incline, ce point se déplace en s'approchant d'autant plus de l'arête horizontale supérieure du plan, que l'angle d'inclinaison est plus petit.

Ce résultat remarquable et contraire aux conclusions de la théorie élémentaire qui voudrait que le point d'application de la résultante des forces parallèles que sont les chocs des filets d'air sur la surface, restât au centre de figure, a été démontré par l'ingénieur de la marine Joessel, à Indret, en plaçant dans le lit de la Loire des plaques rectangulaires en tôle de petite dimension. La formule résultant de ces expériences ainsi que celle préconisée plus récemment par le colonel Vallier[1] sont actuellement employées par tous les constructeurs.

Modification de l'allongement et de la concavité d'une voilure en vue d'augmenter son effet porteur. — Si, revenant à notre appareil de démonstration, nous expérimentions plusieurs plans de configuration différente, nous reconnaîtrions bientôt que, malgré qu'ils soient choisis de même surface, qu'ils soient animés de la même vitesse et inclinés du même angle, les résultats enregistrés sont différents et, en particulier, qu'un plan allongé horizontalement met en jeu des efforts sensiblement plus grands qu'un plan de même surface, de même inclinaison, de même allongement placé en croix avec lui. La démonstration expérimentale de cette particularité a été donnée par

---

1. COLONEL VALLIER, *Notes sur la dynamique de l'aéroplane*, Paris, 1905.

Langley, à la suite de mémorables essais qui sont en Aviation un article de foi.

Ces inégalités consécutives à des allongements différents sont, en somme, assez faciles à expliquer.

On conçoit, en effet, après examen du mécanisme de l'écoulement des filets fluides sous un plan rectangulaire orienté par rapport à eux, dans le sens indiqué par la figure A, qu'en raison même de cette orienta-

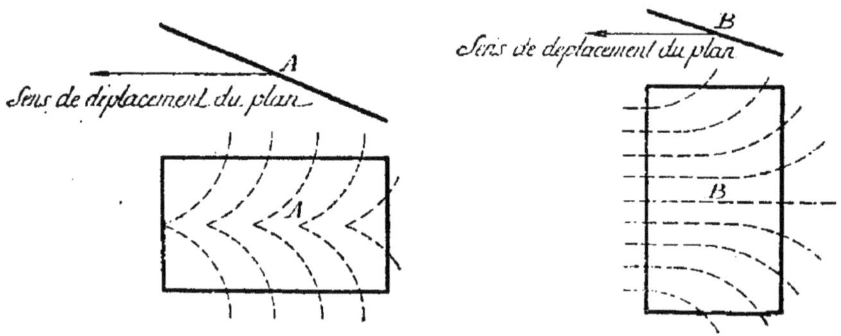

Modes d'écoulement de l'air sous des plans obliques de même surface en mouvement.

tion, ils s'échapperont latéralement avant d'avoir fourni la totalité de leur effet utile.

Il n'en serait plus ainsi dans le cas où, plaçant le plan en croix avec sa position première, nous l'exposerions au même courant d'air, car les filets fluides, n'échappant plus qu'après une action prolongée, y auraient abandonné la plus grande partie de leur énergie active.

C'est cette conception qui, sans doute, inspira la création de dispositifs propres à ralentir les filets d'air sous la voilure et, en quelque sorte, à *freiner* l'échappement latéral (aéroplanes *Robert Esnault-Pelterie*, aéroplanes *Voisin*), c'est-à-dire, en dernière analyse, à réaliser les mêmes effets qu'avec un plan sensiblement plus allongé.

Ainsi, la configuration rectangulaire allongée horizontalement devient la forme optime de la voilure d'un aéroplane, et ce fait a pris aujourd'hui l'importance d'une règle à laquelle aucun aviateur accrédité n'a failli, comme on en pourra juger à la lecture du chapitre que nous avons réservé à la monographie des appareils contemporains.

Nous venons de voir l'effet de l'allongement d'une surface plane sur l'amplification des efforts auxquels donne lieu son déplacement dans l'espace. Si, indépendamment des résultats actuellement acquis, nous avions soumis à l'expérience des surfaces qui, au lieu d'êtres planes, fussent *concaves*, nos conclusions auraient été plus optimistes encore, car, à l'égal des chercheurs qui se sont adonnés à cette étude, nous aurions pu découvrir certains profils courbes de voilure pour lesquels, non seulement l'effort sustentateur est augmenté, mais aussi dont la résistance à l'avancement est diminuée comparativement à ce qu'ils seraient dans le cas d'une voilure plane de même surface, de même inclinaison [1] et de même vitesse.

De nombreux essais ont été effectués dans le but de déterminer le rapport d'amplification entre les efforts résultant d'une telle surface, et ceux fournis par une aire plane placée dans des conditions physiques identiques. Ader s'y adonna sans laisser de résultats importants, et c'est au regretté Lilienthal, aviateur allemand, que sont dues les premières études publiées sur ce sujet.

Ses expériences portèrent sur une surface fusiforme

1. L'inclinaison d'une voilure concave est définie par l'angle que fait sa corde avec la trajectoire.

d'un demi-mètre carré, présentant une concavité uniforme définie par sa flèche, laquelle était égale au 1/12 de la corde. Il résuma les nombreux résultats qu'il obtint en des tables numériques et préceptes aphoristiques restés célèbres[1] et d'où l'on peut calculer les composantes de la pression dirigées suivant la corde et sa normale.

Les chiffres de Lilienthal ont été contestés, et il résulte des travaux de leurs commentateurs, que l'on ne saurait les envisager autrement que comme des indications donnant simplement le sens de la loi d'amplification.

Plus récemment, Chanute et les frères Wright reprirent ces expériences : ces derniers parvinrent à un profil de voilure tout à fait remarquable, mais malheureusement ne publièrent rien. Nous signalerons encore les nombreux essais effectués par M. R. Esnault-Pelterie sur des surfaces de grande dimension, dont on ne peut déduire cependant que des renseignements qualificatifs.

Enfin, M. Soreau a proposé, pour les efforts d'avancement et de sustentation, deux formules remarquables, d'où résulte clairement cette conclusion importante que, sous certaines incidences, l'effet de la concavité revient à engendrer une *contre-pression propulsive* réduisant la résistance totale à l'avancement.

Ainsi, grâce aux *voilures concaves*, il est possible d'obtenir sous des *surfaces moindres* les mêmes effets qu'avec des plans et, en outre, il existe des angles d'attaque pour lesquels un courant aérien assure la

---

1. MADEBECK, *Taschenbusch für Flugtechniker und Luftschiffer.*

sustentation *sans refouler* la voilure vers l'arrière, mais au contraire, en créant une composante *aidant* à l'avancement. Signalons, pour fixer les idées sur ce cas apparemment paradoxal, qu'une voilure de 25 mètres carrés dont la flèche est de 1/12 et l'angle d'attaque 7° offre, sous une vitesse de 18 mètres à la seconde, un effort porteur tel qu'il faudrait une surface plane de 85 mètres carrés pour réaliser le même effort dans des conditions physiques identiques.

En ce qui concerne le *point d'application* de la pression exercée par un courant aérien contre une surface concave, on ne possède pas encore de renseignements précis.

Les frères Wright, qui se sont livrés à de très nombreuses expériences dans ce but, indiquent que, dans le cas d'un déplacement orthogonal, le centre de pression ou point d'attaque coïncide avec le centre de figure et que, lorsque l'angle d'incidence décroît, ce point se porte lentement vers l'avant, jusqu'à une valeur critique de l'inclinaison dépendant des caractéristiques géométriques de la voilure.

Nous ne nous attarderons pas à ces considérations sur lesquelles règne encore l'incertitude et dont on ne possédera les éléments précis et utiles qu'après une campagne de recherches expérimentales et méthodiques à l'exclusion de toute théorie.

Les systèmes multi-plans. Leurs avantages, leurs inconvénients. — Une caractéristique non moins intéressante des appareils actuellement expérimentés réside dans la *multiplication* des plans porteurs, critère qui fut immédiatement le point de départ d'une classification élémentaire, tant les avis sont partagés sur ses conséquences.

Jusqu'à ce jour, le système bi-plan semble s'adjuger la priorité du nombre : les Wright, les Voisin, ont conduit au triomphe les préceptes de Chanute sans doute inspirés du *cerf-volant d'Hargrave*. Chacun sait ce qu'est ce jouet d'enfant composé de deux cellules simples montées sur la même charpente et séparées

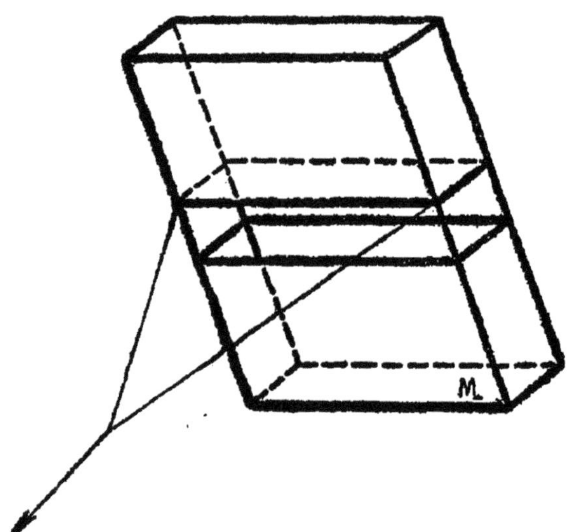

Cerf-volant de Hargrave.

d'un espace vide. Les plans porteurs sont formés de deux surfaces planes parallèles reliées par des faces latérales qui contribuent efficacement à l'excellente stabilité du système.

L'avantage du bi-plan se révèle non seulement dans la simplification de la construction comparée à celle de voilures de grande surface, mais aussi dans l'atténuation des déplacements du centre de pression moyen, propriété d'intérêt considérable, eu égard à la stabilité longitudinale.

Certains inventeurs, cependant, ont complété cette propriété du bi-plan par une disposition dite *en tandem*, laquelle consiste en deux cellules inégales mais parallèles placées dans le prolongement l'une de l'autre (appareils de *Farman* et *Delagrange*).

Cette solution est, par certains côtés, critiquable, en ce qu'elle exige l'adjonction à l'appareil d'un chariot tri ou quadricycle qui complique la construction, alourdit l'ensemble et ajoute une résistance à l'avancement importante.

Les Wright se sont affranchis de cette précaution

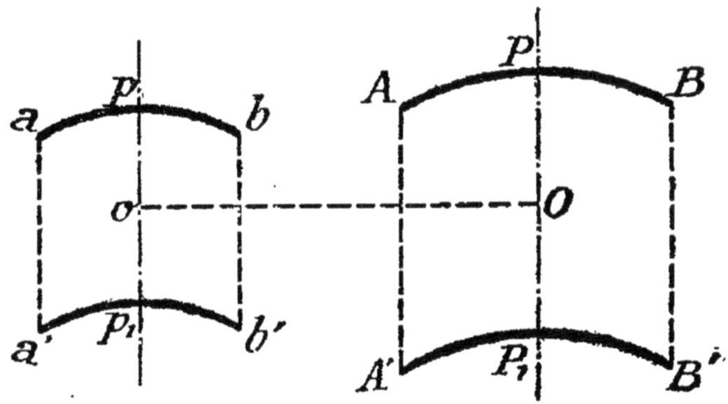

Disposition en tandem.

surabondante en utilisant un bi-plan simple, et l'expérience a prouvé qu'ils ont eu raison.

Quant aux appareils *mono-plans* illustrés par *Blériot*, *R. Esnault-Pelterie*, ils doivent bien fatalement affecter la disposition en tandem. Ce seront certainement, dans l'avenir des transports aériens, les appareils de tourisme par excellence, étudiés pour des allures élevées et des poids utiles relativement réduits : les conditions inverses (poids lourds et faibles vitesses) restant l'apanage des systèmes multiplans.

CHAPITRE TROISIÈME

Les Organes constitutifs d'un aéroplane

NOUS n'avons exposé jusqu'ici que les notions fondamentales, théoriques, du mécanisme de l'écoulement de l'air sur des voilures de profils concaves ou rectilignes et notre attention s'est particulièrement appliquée à l'examen des conditions optimes déduites de ces notions. Nous envisagerons maintenant l'Aviation dans un sens plus pratique, en décrivant succinctement les organes essentiels qui composent un aéroplane complet, en ordre de marche, tel qu'il doit être pour assurer le service qui lui est assigné.

Ces organes sont, dans l'ordre choisi pour leur description :

1° Les *surfaces portantes*;

2° Les *surfaces stabilisatrices* (qui concourent quelquefois à la sustentation) et les *surfaces directrices*;

3° Le *système moto-propulseur*;

4° Le *châssis-nacelle*.

1° *LES SURFACES PORTANTES*

La configuration des surfaces portantes est déterminée par les considérations envisagées dans le précédent chapitre concernant l'*allongement* et la *concavité.*

L'allongement est un facteur variable avec les constructeurs. Défini par le quotient de l'envergure à la profondeur, il varie de 6,22 (biplan Wright) à 3 (monoplan Blériot IX). Toutefois, la diversité des formes ne résulte pas uniquement de ces différences : ainsi les appareils mono-plans, souvent pourvus de voilures effilées vers leurs extrémités (Clément-Bayard), ou même trapézoïdales (R. E. P. II *bis*), dans le but d'amoindrir les effets perturbateurs dus à la déformation transversale.

Cette disposition devient inutile et disparaît dans les aéroplanes bi-plans pour lesquels les organes de liaison rigides entre voilures, assurent facilement la permanence des formes.

La *concavité* du profil est, comme l'allongement, une caractéristique variable avec les appareils. Le plus souvent, sa détermination résulte d'essais patients, laborieux, méthodiques qui en font un secret de fabrication très précieux, et, pour cette raison, soigneusement gardé.

On caractérise quelquefois la qualité d'une voilure par le poids global qu'elle est susceptible de soulever par mètre carré de surface. Dans cet ordre d'idées, le *Wright* du Mans devrait être doté du coefficient 8,55 ; le *Voisin* de la Coupe Archdeacon, du coefficient 10 ; le *R. E. P. 1907* du coefficient 14,76. Il va sans dire que ce coefficient est vide de sens, si on ne lui inflige un correctif tenant compte de l'*incidence* et de la *vitesse.*

Le moteur d'aviation " Gnome ".

Ainsi les qualités respectives de chacune des voilures que nous venons d'envisager les classeraient dans l'ordre de perfection décroissante suivant : la *voilure Wright*, la *voilure R. E. P.* et, enfin la *voilure Voisin*. Toutefois, elles sont bien inférieures encore à celle de l'oiseau, dont l'efficacité atteint le double de la meilleure voilure que nous connaissions, et, pour cette raison, il est encore permis d'espérer de sensibles améliorations.

Bien que ses propriétés amplificatrices soient dès à présent indiscutables, certains aviateurs ont cru pouvoir s'affranchir de la concavité. Dans cet ordre d'idées, M. V. Tatin, qui, ainsi que nous l'avons vu lors de l'examen de son modèle à air comprimé, préconisait deux demi-voilures planes, formant un angle dièdre déjà très ouvert, a de nouveau fait appel, pour le *Clément-Bayard*, à une configuration sensiblement elliptique, convexe vers le sol [1] à la façon des grands oiseaux en plein vol.

Au point de vue de la construction, les surfaces alaires sont généralement formées d'une étoffe imperméable et fine, tendue sur une membrure en bois de la configuration adoptée. La *membrure* elle-même est composée de *nervures* longitudinales affectant la courbure optime et entretoisées sans ressauts à des *longerons* tubulaires ou en bambou, afin de supprimer tout effet nuisible à l'écoulement de l'air. Le tissu recouvre alors les deux faces des carcasses ainsi constituées ; la configuration étant limitée à des lattes minces formant encadrement.

En ce qui concerne les voilures du flyer *bi-plan de*

1. Voir la monographie du *Clément-Bayard* à la fin du livre.

Wright qui sont, nous l'avons dit, particulièrement efficaces, les nervures, au nombre de trente-quatre sont

Flexion de l'extrémité d'une nervure pendant le vol.

Armature de l'extrémité d'une aile.

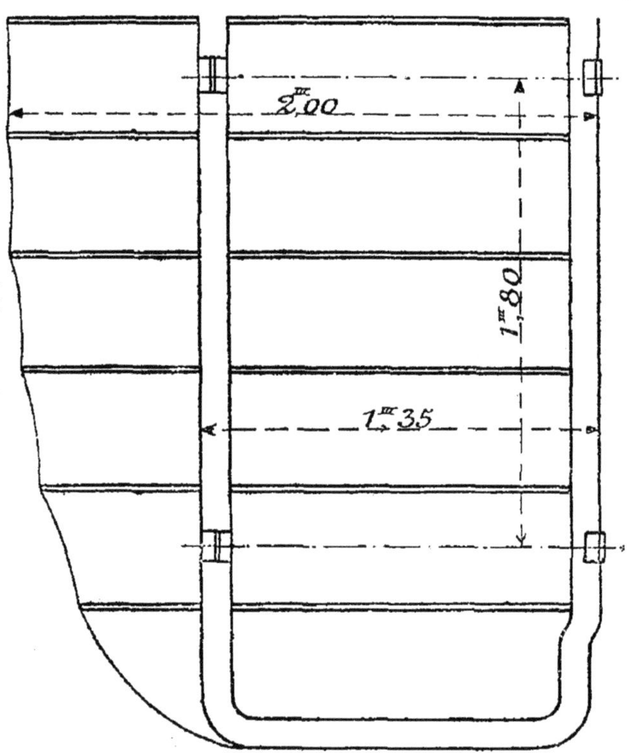

également réparties sur l'envergure et entretoisées par deux longerons plats figurés ci-dessus. Elles dépassent sensiblement le longeron arrière et acquièrent de la sorte une flexibilité suffisante pour céder sous l'action du vent ou d'un gauchissement commandé [1].

Chaque face est recouverte d'une toile tendue de biais pour répartir la fatigue des fils, clouée sur trois côtés, cousue à l'arrière.

Enfin, la rigidité des deux plans est assurée dans la partie centrale par l'emmanchement des montants sur les longerons.

Il est à remarquer que, jusqu'à ce jour, les appareils notoires, ayant subi la sanction de l'expérience, sont tous pourvus de surfaces invariables et encombrantes, difficilement admissibles si ce nouveau mode de transport aérien entrait dans la pratique de l'exploitation industrielle.

Il y aurait lieu de réaliser alors, sous des formes mécaniques robustes et économiques, des surfaces pliantes, variables extensiles à volonté, qui, outre leur aptitude particulière au *remisage*, permettraient de faire varier très simplement les vitesses pendant le vol [2] et faciliteraient, dans une large mesure, les manœuvres de *départ* et d'*atterrissage* si difficiles à exécuter actuellement.

Nous avons fourni, au début de ce livre, la solution proposée par l'Ingénieur en chef de la Marine Henry dans le cas de voilures planes : le problème reste à résoudre tout entier dans le cas des voilures concaves.

---

1. Voir la monographie du *Wright* à la fin du livre.

2. Il suffit de se rappeler ce que nous avons vu au sujet des surfaces en mouvement pour se rendre compte que, à égalité d'effet, toute augmentation ou diminution de l'aire provoque consécutivement une diminution ou une augmentation de la vitesse.

2° *LES SURFACES STABILISATRICES ET DIRECTRICES.*

Ces surfaces, dont nous reconnaîtrons l'emploi lorsque nous examinerons les évolutions d'un aéroplane dans l'air, sont d'une construction analogue à celles que nous venons d'envisager.

D'ailleurs, sauf dans les appareils Voisin, où elles contribuent à la sustentation, et dans le gouvernail de profondeur de Wright, elles sont généralement planes et de dimensions réduites, ce qui simplifie leur fabrication.

3° *LE SYSTÈME MOTO-PROPULSEUR.*

Cet ensemble d'organes constitue l'élément vital de l'appareil. Ses imperfections furent longtemps la cause des échecs subis tant par les chercheurs d'aéroplanes que par les inventeurs de ballons dirigeables. Il se compose essentiellement de deux engins mécaniques que nous examinerons successivement :

1° Le *moteur* ;

2° Le *propulseur*.

1° *LE MOTEUR.*

Point n'est besoin de rappeler ici l'importance capitale du moteur léger dans un problème où le plus grand effort sustentateur *utile* est l'inconnue fondamentale.

A l'époque où l'on ne disposait que de moteurs pesant 10 kilogrammes par cheval, la sustentation permanente d'un « plus lourd que l'air » demeurait pratiquement impossible et il ne fallut rien moins que le développement formidable des industries automobiles et annexes pour réaliser les moteurs à 5 kilogrammes par cheval, grâce auxquels ce problème put quitter le domaine de l'utopie.

Cette vérité fut mise en évidence avec éclat par le regretté colonel Renard, dans une note fameuse publiée en 1903, relatant l'augmentation vertigineuse des poids utiles soulevés avec l'allégement croissant des moteurs dans un appareil du genre *hélicoptère* de sa conception[1].

Soumis à un tel critérium, le moteur pesant 10 kilogrammes par cheval pouvait, théoriquement, soulever tout au plus 160 grammes.

Par contre, un moteur à 3 kilogrammes par cheval soulevait 220 kilogrammes ; un moteur de 2 kilogrammes, 2 tonnes 506, et un moteur à 1 kilogramme, 160 tonnes !

L'étonnement suscité par la publication de cette note fut considérable, et l'on oublia un peu de considérer ces résultats comme des limites théoriques, irréalisables, tant par les puissances qu'elles mettent en jeu, que par la résistance mécanique des hélices auxquelles seraient imposés de tels efforts porteurs.

Pour ne prendre que le dernier exemple relatif au moteur à 1 kilogramme-cheval, la puissance nécessaire à la sustentation des 160 tonnes serait d'environ 960 000 chevaux et l'effort porteur total : 1 120 tonnes !

D'ailleurs, nous devons ajouter que le colonel Renard

---

1. On sait que, dans ces appareils, la sustentation est demandée au mouvement d'une série de palettes diamétralement opposées, tournant autour d'un axe vertical sous une inclinaison convenablement choisie.

apporta lui-même le correctif indispensable à la mise au point de ses conclusions numériques.

Voici le tableau comparatif qu'il a donné des charges calculées et des charges admissibles précédemment envisagées :

Charge calculée	220 kg.	2 t. 5	160 t.
	↓	↓	↓
Charge pratiquement possible avec la résistance des hélices sustentatrices	139 kg.	340 kg.	657 kg.

Notons que ces chiffres, inhérents à l'hélicoptère, sont inférieurs à ceux qu'il est possible d'obtenir par l'aéroplane.

Ce dernier type d'appareil est donc momentanément supérieur au premier quant à la force portante; il l'est également au point de vue de la vitesse.

*
* *

Les moteurs à grande puissance spécifique[1] sont du type dit *à explosion* avec utilisation comme combustible de l'essence de pétrole.

Ce liquide est, de tous les combustibles connus, celui qui détient, sous le plus faible poids, le plus grand pouvoir calorifique, autrement dit la plus grande énergie latente.

Il ne faut pas oublier, en effet, que tout moteur est un convertisseur d'énergie qui rend en puissance mécanique, celle qu'on lui a prêtée en puissance calorifique, électrique ou autre.

Toutefois, c'est un très mauvais créancier qui ne

1. On désigne ainsi la puissance d'un moteur rapportée au kilogramme-poids.

restitue pas toute l'énergie qu'il a reçue mais seulement infiniment peu, quelques dixièmes seulement : la majeure partie ayant été gaspillée par la transformation. Ainsi tel moteur à essence qui consomme 300 grammes de combustible par cheval développé pendant *une heure* ne restitue, en énergie mécanique, que la puissance contenue dans 50 grammes du combustible : les 250 autres sont dépensés en pure perte, sous forme de chaleur rayonnée, de frottements, etc...

Est-il possible d'améliorer ce rendement défectueux et de diminuer corollairement, à puissance égale, l'encombrement et le poids du moteur.

De grands efforts ont été tentés pour lesquels les Grands Prix annuels de l'A. C. F. ont été les stimulants les plus puissants et les plus sûrs. On est ainsi parvenu à des engins moteurs atteignant 4 kilogrammes par cheval, mais, il faut bien le dire, moins par l'amélioration du rendement que par des économies sur les dimensions, rendues possibles par les incomparables progrès métallurgiques réalisés sur les aciers de haute résistance.

Le principe du *moteur à essence* actuel est basé sur l'utilisation par un *piston* de la période de *détente* qui succède à l'*explosion*, dans un *cylindre* résistant, d'un *mélange détonnant* composé d'air et de vapeur de pétrole en proportion convenable.

Cette phase de détente emploie une course complète du piston moteur. La course suivante, de sens inverse à la première, est utilisée à chasser les gaz brûlés, et, à la fin de cette seconde course, le volant a exécuté un tour complet. Le tour consécutif est intégralement passif : il sert à l'*aspiration* du mélange explosif et à sa *compression préalable* avant l'explosion (opération qui améliore légèrement le *rendement* du moteur). Puis l'*inflammation* a lieu et le cycle recommence.

Il n'y a qu'une explosion tous les deux tours et le piston n'est moteur qu'un demi-tour sur deux, c'est là, comme on le voit, une bien mauvaise utilisation de la matière. Nous verrons bientôt comment on a tâché d'y remédier.

Le dosage du mélange gazeux est accompli par le *carburateur*, la distribution aux instants propices, par des *soupapes* et l'inflammation par une étincelle électrique puisant son énergie dans une batterie d'accumulateurs ou une magnéto entraînée par le moteur lui-même. (C'est une des raisons pour lesquelles le moteur ne peut être *auto-démarreur*, mais exige un lancement à la main.)

Nous avons vu que l'*allégement* d'un tel moteur, que l'industrie automobile livre couramment aujourd'hui à 4 kilogrammes par cheval, avait pu être obtenu, quoi qu'on ait fait, non par amélioration du rendement mais surtout par le choix des matériaux employés à le construire. L'aviation, qui exigeait un allégement plus considérable encore, conservera, dans l'histoire des Sciences appliquées, le grand mérite d'avoir créé le moteur ultra-léger, à 2 kilogrammes et 1 kilogramme par cheval, par un agencement habile des organes et une perfection plus grande dans l'utilisation rationnelle de la matière.

Voici, en effet, quelques-unes des productions les plus récentes de nos constructeurs de moteurs légers :

Buchet.		A. Farcot.		Gobron.	
Ch.	Kg.	Ch.	Kg.	Ch.	Kg.
24	50	30	40	80	150
		50	55		
		100	95		

R. E. P.		Pipe.		Clément-Bayard.	
Ch.	Kg.	Ch.	Kg.	Ch.	Kg.
20-25	52,5	70	131	50	70
30-35	68				
40-50	98				

Mais, en tout, il faut considérer la fin. Doit-on persévérer davantage dans la voie de l'allégement à outrance comme d'aucuns le supposent? Nous ne le pensons pas, car il faut bien retenir que la qualité massique est toujours invariablement liée à ce défaut dangereux : *la fragilité*. En outre, il est facile de se rendre compte qu'au delà d'une certaine valeur limite l'allégement devient parfaitement illusoire.

Supposons, en effet, qu'un aéroplane d'un modèle quelconque nécessite pour sa propulsion un moteur de 50 chevaux. A l'époque où ce dernier pesait encore 8 kilogrammes par cheval, son poids mort respectif était de 400 kilogrammes, de sorte que le jour où naquit le moteur à 3 (kilogrammes-cheval), on gagna conséquemment 250 kilogrammes au profit du poids utile. Aujourd'hui, où nous possédons des engins moteurs à 1 kilogramme-cheval, le gain serait, pour le même volateur, après réalisation d'un moteur à 0,5 (kilogramme-cheval) : 25 kilogrammes. Si on songe aux difficultés presque insurmontables que soulève une pareille création, en même temps qu'à sa fragilité inévitable et sa durée fatalement éphémère, on est amené à conclure que la question d'allégement a considérablement diminué d'intérêt.

Ainsi, en Aéronautique et surtout en Aviation, où les dangers courus sont plus grands encore qu'en autoballon, il est désirable que les constructeurs sacrifient à la solidité et à l'économie, l'orgueil stérile de « faire difficile ».

Nous exposerons maintenant quelques monographies de moteurs légers, propres à démontrer l'ingéniosité de leur agencement mécanique en même temps que l'utilisation rationnelle et justement parcimonieuse des matériaux qui les composent.

LE MOTEUR ANTOINETTE

Le nouveau moteur Antoinette de 55 chevaux, huit cylindres est établi en forme de V à 90°, de façon que les bielles des cylindres en regard attaquent le même maneton. Le *cylindre* et la *boîte à clapets* qui le surmonte sont d'une seule pièce en acier, évitant ainsi toute discontinuité dans la chambre d'explosion. Celle-ci mesure 110 millimètres d'alésage et 105 millimètres de course. L'enveloppe d'eau est en cuivre rouge, obtenu par électrolyse et, par suite, d'une seule pièce très légère.

Le *radiateur* est formé de tubes minces à grande surface de refroidissement affectant, dans leur ensemble, la forme d'un panneau de 60 centimètres de hauteur, 3 mètres de longueur et 1 centimètre d'épaisseur, que l'on peut aisément placer dans le fuselage.

Pour un moteur de 50 chevaux, tel que celui qui nous occupe, le poids du radiateur n'est que de 12 kilogrammes pour une surface de 12 mètres carrés. La circulation d'eau peut être réalisée soit par pompe, soit par thermosiphon.

Le *carburateur* est supprimé et remplacé par une petite pompe aspirante et foulante qui injecte le combustible dans les cylindres.

Le moteur ne comporte pas de volant, puisque cet organe n'est nécessaire que pour les engins offrant des points morts, c'est-à-dire des positions de leurs pistons pour lesquels ils ne fournissent aucun travail. Or, grâce à l'emploi de huit cylindres, il s'en trouvera toujours au moins deux en travail, de sorte que les points morts seront facilement franchis sans intervention de volant d'inertie.

LE MOTEUR FARCOT

Le moteur Farcot huit cylindres que nous étudions, est une des créations les plus ingénieuses de ce constructeur.

Il se compose de deux étages de cylindres faisant 105 millimètres d'alésage et 120 millimètres de course, montés horizontalement 4 par 4 en étoile autour d'un carter unique, à l'intérieur duquel est tourillonné un vilebrequin à deux manetons calés à 180° l'un de l'autre.

Chaque maneton supporte les quatre pieds de bielle des cylindres placés dans son plan, et ainsi les deux rangées de cylindres peuvent être disposées aussi près que possible l'une de l'autre.

Une nouvelle caractéristique de ce moteur réside dans son type spécial de *soupapes*. Celles-ci, en effet, servent à la fois pour l'aspiration du mélange explosif et l'échappement des gaz brûlés (on sait que dans les moteurs usuels, les moteurs d'automobile par exemple, l'aspiration et l'échappement sont commandés par des soupapes distinctes). Elles sont normalement fermées à l'aide de puissants ressorts qui les appuient vers l'extérieur, et une came les attire sucessivement vers l'intérieur pour obéir aux deux temps d'ouverture.

Le *refroidissement* des cylindres qui, ainsi que nous l'avons dit, sont disposés radialement autour du carter, est assuré par des ailettes venues de fonte avec ceux-ci.

Un ventilateur puissant refroidit les cylindres en même temps qu'il joue le rôle de volant. La puissance est transmise, par l'intermédiaire d'un démultiplicateur, à un arbre horizontal sur lequel est monté l'organe propulseur.

Le *graissage* est réalisé par l'huile sous pression et l'allumage par deux magnétos à haute tension. Un silencieux, obturé par une toile métallique, permet d'éviter tout jet de flamme.

La puissance normale du moteur huit cylindres est de 50 chevaux, et son poids total de 55 kilogrammes.

Il s'exécute pour une puissance de 30 chevaux, avec huit cylindres de 80 millimètres d'alésage et 90 millimètres de course et un poids total de 40 kilogrammes.

LE MOTEUR « GNOME » 50 CHEVAUX

Ce moteur est caractérisé par sept cylindres de 110 millimètres d'alésage, 120 millimètres de course, rayonnant en étoile régulière autour d'un carter mobile supporté par l'arbre, qui est fixe. Les *soupapes d'admission et d'échappement* sont disposées sur les fonds de cylindre et le mélange combustible est conduit aux chambres d'explosion par des évidements ménagés dans l'arbre.

Le *graissage* est réalisé par une circulation d'huile provoquée par la force centrifuge.

Le *refroidissement* résulte de la rapide rotation des cylindres munis d'ailettes ; ces derniers, par l'action de leur masse, permettent de supprimer le volant régulateur. D'ailleurs, l'ensemble est parfaitement équilibré, de sorte qu'il est assimilable, dans ses effets dynamiques, à un gyroscope d'axe horizontal.

L'hélice est généralement boulonnée au carter, lequel

tourne à 1 200 tours par minute. Quant à l'allumage, il peut être indistinctement assuré par une magnéto-électrique ou une batterie d'accumulateurs.

LE MOTEUR « R. E. P. » 30-35 CHEVAUX

Nous avons montré, dans le cours de nos considérations générales sur les engins moto-propulseurs, que leur allégement devait résulter, avant toute autre possibilité à envisager, de l'agencement judicieux de leurs organes en même temps que d'une utilisation meilleure de la matière qui les compose.

Ce sont ces préoccupations qui ont principalement guidé M. R. Esnault-Pelterie dans la création de ses moteurs légers où deux seuls manetons, calés à 180°, reçoivent l'action de sept cylindres fixes possédant chacun un temps d'explosion distinct.

Pour des raisons pratiques de graissage, ceux-ci sont disposés en éventail dans deux plans parallèles verticaux, formant de la sorte deux groupes jumelés : l'un de trois unités à l'arrière, l'autre de quatre unités à l'avant.

Comme précédemment et pour les mêmes raisons, le volant est supprimé ; quant au *refroidissement*, il est assuré par un ventilateur soufflant sur des ailettes venues de fonte avec les cylindres.

Les *soupapes* sont à double effet, autrement dit, elles réalisent à la fois, dans deux positions différentes, les opérations d'*admission* et d'*échappement*.

Enfin, l'allumage est provoqué par magnétos à haute tension.

LE MOTEUR « BUCHET » 24 CHEVAUX

Comme dans le moteur R. E. P. celui-ci présente ses cylindres rayonnant dans deux demi-cercles verticaux supérieurs. Toutefois, il ne comprend que six cylindres au lieu de sept et les soupapes d'échappement, distinctes des soupapes d'aspiration, sont commandées par trois arbres à came.

Les *soupapes d'aspiration* sont disposées au-dessus des fonds de cylindres et un distributeur rotatif, actionné par un engrenage conique, est placé à la jonction des six tubulures d'alimentation.

Le *vilebrequin* comprend un double maneton. La puissance développée par ce moteur est de 24 chevaux et son poids atteint, complet, 50 kilogrammes.

LE MOTEUR « GOBRON » 80 CHEVAUX

Le moteur Gobron, tout à fait différent de ceux que nous venons de voir, rappelle les créations automobiles de ce constructeur.

Chaque cylindre comprend deux pistons se déplaçant en sens contraire et synchroniquement.

Le moteur que nous étudions comprend ainsi huit cylindres jumelés latéralement, formant, autour d'un carter, quatre groupes disposés en croix de Saint-André.

Les pistons intérieurs les plus voisins du carter sont reliés par groupe à un maneton à la façon ordinaire tandis que les pistons extrêmes sont solidaires d'un joug oscillant actionnant l'autre maneton correspondant.

Ainsi le moteur comprend seize pistons, seize bielles, quatre manetons mais seulement huit soupapes d'aspiration, huit soupapes d'échappement et huit bougies d'allumage. Les pistons étant opposés deux à deux, la chambre d'explosion est constituée par l'espacement variable qui les sépare. Les *soupapes d'échappement* sont actionnées par quatre arbres à cames très courts, placés parallèlement aux cylindres.

L'ensemble ainsi réalisé est très compact et l'engrenage commandant les soupapes devient facilement accessible.

Accessoirement, deux *magnétos* à haute tension entraînées par roues dentées assurent l'*allumage*.

Le refroidissement des cylindres est provoqué par une circulation d'eau (15 litres environ), le graissage s'effectue par circulation d'huile et pompe de lubrification commandée par vis sans fin.

Nous n'avons aucune donnée caractéristique des cylindres ; cependant nous pensons que, par analogie avec les moteurs d'automobile, la course des pistons internes est un peu supérieure à celle des pistons externes.

La puissance nominale du moteur que nous venons d'examiner est de 80 chevaux et son poids de 150 kilogrammes.

LE MOTEUR « PIPE » 70 CHEVAUX

Ce moteur est établi avec huit cylindres en V de 100 millimètres de course et d'alésage. Il utilise un vilebrequin à quatre manetons et les *soupapes* placées verticalement, par suite obliquement par rapport à l'axe des cylindres, constituent un ensemble actionné indépendamment pour chacun d'eux. Leur fonctionnement est assuré par des culbuteurs agissant sous l'effort des tringles poussoirs.

Le *refroidissement* est provoqué par un courant continu d'air aspiré par un ventilateur placé au sommet de la chambre de ventilation entourant les cylindres.

Quatre tuyauteries d'aspiration d'égale longueur émanent du *carburateur* placé au centre.

Les gaz expulsés sont conduits au dehors par une tuyauterie indépendante.

L'*allumage* est assuré par une magnéto commandée par engrenages et placée au-dessus du ventilateur.

La puissance nominale est de 70 chevaux et le poids total de 131 kilogrammes.

LE MOTEUR « E. N. V. »

Ce moteur est, comme le précédent, composé de huit cylindres en V dont les seize soupapes (huit pour l'aspiration et huit pour l'échappement) sont actionnées par des arbres à cames placés au sommet du carter.

Chaque cylindre est indépendant et les gaz brûlés sont évacués par des tuyauteries spéciales.

L'arbre vilebrequin comprend quatre manetons recevant chacun deux têtes de bielle; il est supporté par deux paliers d'extrémité et un palier central.

Le refroidissement est assuré par une circulation d'eau entretenue par une pompe placée avec la magnéto d'allumage au-dessus de l'arbre à cames.

LE MOTEUR DE « WRIGHT »

Le moteur de l'appareil de Wright est un quatre-cylindres de 106 millimètres d'alésage et 102 millimètres de course formant un seul bloc aisément amovible. Il ne comporte pas de *carburateur* : l'essence est injectée dans chaque cylindre à l'aide d'une pompe spéciale ménagée à cet effet.

L'*échappement* est doublement provoqué à fond de course par soupapes.

L'*allumage* est assuré par une *magnéto* à haute tension et le *refroidissement* des cylindres est assuré par une circulation d'eau entretenue à l'aide d'une pompe actionnée par le moteur.

Latham à bord de " l'Antoinette ", au camp de Châlons.

Le *radiateur* est constitué par quatre groupes de rubans creux de 1 m. 75 de longueur, placés près du moteur.

Celui-ci développe 25 à 28 chevaux à 1 600 tours et pèse environ 72 kilogrammes.

LE MOTEUR DUFAUX

Le moteur des frères Dufaux, de Genève, comporte dix cylindres montés deux par deux sur un arbre manivelle à cinq coudes calés à 72°, de façon qu'il y ait toujours, pour un maneton au point mort, quatre manetons en travail.

Chaque groupe comprend deux cylindres à double effet, associés en tandem et mesurant 100 millimètres d'alésage et 110 millimètres de course.

Afin d'équilibrer les efforts résultant des explosions et de l'inertie, la distribution est réglée pour que, lorsqu'un maneton supporte une action de bas en haut, le maneton suivant en supporte une autre de haut en bas.

Le *refroidissement* est assuré par une circulation d'eau qui pénètre dans le corps des pistons, lesquels travaillent sur les deux faces comme des cylindres de machines à vapeur. La *circulation* et le *refroidissement* sont entretenus à l'aide d'une pompe et d'un ventilateur.

L'huile lubrifiante est rationnellement répartie à l'aide de trois pompes à course réglable.

Afin d'alléger l'ensemble dans la plus grande proportion possible, toutes les pièces telles que bielles, pistons, vilebrequins, etc., sont évidées.

Les parties frottantes sont en bronze phosphoreux.

La puissance massique de ce moteur est remarquable.

Il développe 120 chevaux à 1 500 tours et pèse 85 kilogrammes.

LE MOTEUR RENAULT FRÈRES

Le moteur que nous examinerons dans cette courte description est un huit-cylindres en V, de 90 millimètres d'alésage et 120 millimètres de course, qui a développé au banc d'essais 58 chevaux à 1 800 tours.

Les *bielles* attaquent deux par deux quatre manetons d'un vilebrequin supporté par cinq paliers. Un seul arbre à cames commande l'*admission* et l'*échappement*; cette dernière opération étant assurée par des soupapes actionnées par culbuteurs.

Les paliers sont munis de roulements à billes.

Les pistons sont très légèrement coniques et garnis de deux segments.

Le mélange explosif est dosé par un *carburateur* en aluminium et l'allumage est assuré par une magnéto électrique à haute tension.

Le *refroidissement* est provoqué par un courant d'air entretenu par un ventilateur et circulant entre les ailettes des cylindres et une gaine en aluminium recouvrant le corps du moteur.

Enfin, le *graissage* est assuré par une rampe compte-gouttes distribuant l'huile sous pression.

Ce moteur est destiné à actionner une hélice par l'intermédiaire d'un démultiplicateur de rapport 2/1 et ne porte pas de volant. Son poids total est de 125 kilogrammes.

2° *LE PROPULSEUR*

Ainsi que nous l'avons vu dans la première partie de ce livre, le problème de la sustentation d'une ou de plusieurs voilures, telles que celles qui composent un aéroplane, est entièrement subordonné à l'existence d'un vent relatif, que celui-ci règne spontanément dans l'atmosphère ou qu'il soit provoqué par la propulsion rapide des surfaces portantes.

Tandis que le premier cas trouve son application dans le cerf-volant, le second résume toute l'Aviation et c'est bien ce qui explique l'importance de l'organe propulseur qui en est l'âme directrice.

Depuis les premières tentatives de dirigeabilité dans l'air, le propulseur fut l'objet de conceptions fort différentes : rames, ailes battantes, roues à palettes, tous ces engins élaborés dans la suite des temps, alternativement abandonnés, puis repris, ne fournirent que des résultats médiocres et des rendements inférieurs à ceux de l'hélice.

D'après Hureau de Villeneuve, l'hélice aérienne fut appliquée pour la première fois par Léonard de Vinci et, suivant une loi générale dans l'histoire des grandes inventions, elle fut tout d'abord abandonnée pour n'être reprise que plusieurs siècles plus tard après que ses rivales, successivement mises à l'épreuve, eurent été reconnues sans valeur.

C'est avec le dirigeable du général Meusnier, en 1783, qu'elle réapparut sous la forme d'une roue composée de plusieurs palettes frappant l'air obliquement, en créant, suivant l'axe, une poussée motrice. Successivement, Lennox et Eubriot (1834-1839), Dupuis-Delcourt, Transon (1844) et Petin (1850) en dotèrent leurs appareils; puis ce fut Giffard (1852) puis Dupuy de Lôme (1872), puis d'autres encore, mais l'hélice avait déjà conquis une vogue considérable que ses prouesses futures ne firent que légitimer.

Hélice. — Si, sur une feuille de papier, on trace deux droites, l'une horizontale et l'autre oblique et si on enroule la droite horizontale sur la circonférence de base d'un cylindre circulaire droit, l'oblique revêt la forme d'une ligne courbe qui n'est autre qu'une *hélice géométrique*.

La surface engendrée par une droite astreinte à rencontrer l'axe et qui descend l'hélice en restant horizontale est un *hélicoïde* et la droite est dite *génératrice*. La hauteur dont est descendue la génératrice, après qu'elle a effectué un tour complet, prend le nom *de pas* de l'hélice.

L'hélice propulsive est l'engin constitué par un arbre dirigé suivant l'axe et sur lequel sont fixées deux ou plusieurs ailettes prélevées dans des portions d'hélicoïdes différents.

Pratiquement, celles-ci sont assimilables à des tronçons de filets d'une vis dont l'air ambiant formerait l'écrou imaginaire. Ainsi, à la rotation de la vis dans cet écrou supposé fixe, succède invariablement une translation qui sera un avancement si le sens de rotation est convenablement choisi.

En définitive, l'hélice est un mécanisme convertisseur de mouvement qui transforme la *rotation* communiquée par le moteur en *translation* horizontale propulsive, à la condition qu'elle tourne dans le sens voulu et que son orientation soit *ad hoc*.

Toutefois, il existe entre la vitesse de rotation et l'allure du déplacement horizontal, un rapport optime au delà duquel le rendement diminue rapidement et c'est la raison pour laquelle l'hélice propulsive doit être calculée et construite pour un appareil bien déterminé sans préoccupation d'interchangeabilité.

En outre, si le pas est trop faible ou si les ailes ne sont pas pures de forme, il se produit, pendant le mouvement, des remous et des pertes de charge qui contribuent également à diminuer l'efficacité de l'engin populseur.

En pratique, cependant, ces influences sont atténuées par l'emploi d'ailes concaves qui amplifient considérablement l'effet utile pour des raisons que nous ne pouvons examiner ici, mais qui sont de même origine

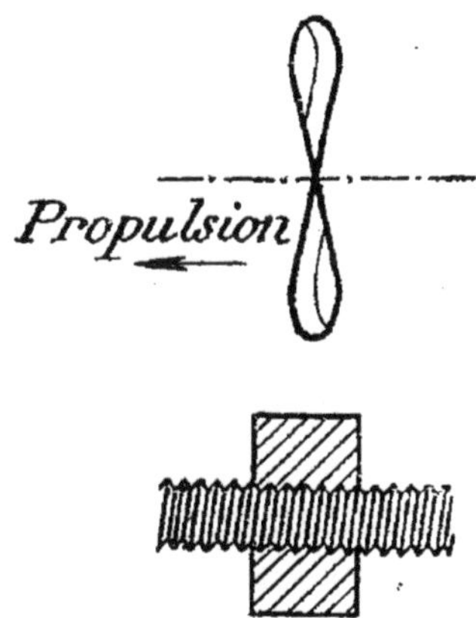

Analogie entre l'hélice et une vis se déplaçant dans un écrou.

que celles consécutives à la courbure des profils dans les voilures sustentatrices.

D'ailleurs la théorie ne peut, non plus, fournir sur ces questions que des indications très approximatives et le calcul ne donne que des valeurs approchées de coefficients numériques applicables seulement entre des limites restreintes. C'est donc encore à l'expérience que nous demanderons de répondre à nos recherches, mais il n'est pas douteux, en raison de la petitesse des efforts à mesurer et de l'importance des influences perturbatrices, qu'elles seront délicates, laborieuses et limitées.

C'est au colonel Renard que l'on doit d'avoir apporté quelque lumière dans l'étude de ces phénomènes complexes à la suite de ses expériences de Chalais en 1888.

L'hélice qu'il soumettait à l'essai était placée à l'extrémité d'une nacelle suspendue par deux leviers articulés à une charpente lui permettant d'osciller sans frottement. Elle était actionnée par un moteur électrique dont on mesurait facilement la consommation et un poids supporté par un plateau rétablissait l'équilibre vertical rompu par l'effort du propulseur.

Les essais pratiqués sur les hélices du dirigeable *la France* et sur un grand nombre d'autres propulseurs du même type confirment sensiblement que la *poussée* augmente comme le carré du nombre de tours de rotation et le *travail dépensé*, comme le cube du même facteur.

Malheureusement, l'action de l'air est très différente, suivant que l'hélice tourne avec ou sans déplacement axial, et c'est pourquoi le genre d'expérimentation dite *au point fixe* que nous venons d'exposer ne permet pas de juger les qualités d'une hélice en toute satisfaction et ne donne que des indications qualitatives qu'il est difficile de généraliser.

Parmi les effets nuisibles contribuant à réduire l'efficacité des hélices propulsives, il en est un prépondérant : c'est le *recul*.

Nous avons dit en commençant que l'hélice était assimilable à une vis mobile dans son écrou supposé fixe, mais l'assimilation ne peut être absolue, car le mécanisme ne fonctionne pas identiquement dans l'acier et dans l'air.

Tandis que dans le premier cas, l'hélice avance *d'un pas* par tour, elle avance, dans le second, d'une longueurmoindre : il y a recul. Ce recul est variable avec les propulseurs; toutefois, d'après M. V. Tatin, la perte totale du travail développé par le moteur n'est pas supérieure à 30 p. 100.

Si nous avions pu exposer ici la suite des travaux des divers expérimentateurs, nous aurions pu constater que ceux-ci sont divisés en deux écoles : celle des hélices de *petit diamètre*, tournant à *grande vitesse* et, inversement, celle des hélices de *grandes dimensions*, à *allure lente*.

Quelle est alors la meilleure pratique?

Si le poids du moteur était indifférent, les conditions nécessaires et suffisantes à l'établissenent d'un propulseur léger seraient : le plus faible encombrement et la plus grande vitesse de rotation possible, en même temps que l'obtention du pas optime pour lequel la poussée serait maximum.

Par contre, la masse du moteur étant en jeu, les conditions nécesssaires à la réalisation du maximum d'effet utile, imposent des dimensions notables, une faible vitesse de rotation et un pas réduit. Ces conditions sont presque entièrement contradictoires, et à chacune des deux thèses, répond une qualité fondamentale : légèreté ou efficacité.

On a prétendu, avec une grande apparence de raison, que le rendement des hélices du premier genre était inférieur à celui des propulseurs lents, et les partisans de cette affirmation en donnaient cette explication que la couronne d'air enveloppant l'engin à grande vitesse était entraînée avec lui, de sorte que la vitesse des ailes sur le fluide diminuait en réduisant, corollairement, l'effet utile.

A cela, M. Julliot l'éminent créateur des dirigeables *Patrie* et *République* répond, avec les adeptes de la première thèse, en émettant cet avis, que, dans l'air, fluide léger et compressible, animé généralement de mouvements internes variés, *il faut* faire tourner les hélices à des vitesses que nous considérons comme grandes, de sorte que les théories qui concluent à la marche lente ne tiennent pas compte de toutes les circonstances.

En ce qui concerne le crédit accordé à chacune de ces deux opinions divergentes, il convient de rappeler que les propulseurs du premier genre ont été presque exclusivement adoptés à l'étranger, parfois même avec des caractéristiques de fonctionnement exagérées, ainsi qu'en attestent ces hélices de l'Américain Maxim qui, avec 45 centimètres de diamètre, tournaient à plus de 2 800 tours.

Au contraire, à l'image des hélices marines, auxquelles on n'impose d'autres dimensions maxima limites, que celles compatibles avec l'immersion complète sous une hauteur d'eau déterminée, les hélices aériennes du second genre ont longtemps prévalu en France et ce n'est qu'à l'apparition du moteur à essence léger et rapide que l'idée vint à certains de nos constructeurs, de caler directement le propulseur sur le bout d'arbre vilebrequin.

Toutefois, cette pratique résultait moins de l'ambition d'améliorer le rendement de l'hélice que du désir de simplifier son appareillage, en supprimant le mécanisme réducteur de vitesse, en même temps que la perte de puissance qui lui est inhérente.

D'ailleurs, on vérifiera, par la lecture du tableau cidessous, combien les avis sont encore partagés sur ces questions, à tel point qu'il est actuellement impossible de formuler une conclusion condamnant l'une ou l'autre des deux thèses en présence. Tout au plus peut-on affirmer que l'hélice est encore susceptible de larges améliorations, qu'à l'exemple des propulseurs de Chauvière et de Wright, les ailes en doivent être allongées et concaves, aussi pures de forme que possible et qu'en ce qui concerne les aéroplanes dotés d'une hélice unique, les grandes vitesses de rotation sont à rejeter, en raison des effets gyroscopiques perturbateurs qu'elles font naître dans les virages, compromettant ainsi la stabilité du véhicule.

DIRIGEABLES	Diam.	Tours p. min.
Giffard (1852) (3 branches)	3 m.40	110
Dupuy de Lôme (1872) (2 branches)	9 m.00	26
Renard et Krebs (1884) (2 branches)	7 m.00	48
Santos-Dumont (1901) (2 branches)	4 m.00	150
Lebaudy (1902) (2 branches)	2 m.44	800-1100
Ville-de-Paris (1906) (2 branches)	6 m.00	120-180
Clément-Bayard (1908) (2 branches)	5 m.00	380-400
Godard (1909) (2 branches)	5 m.00	285
Von Parseval (1908) (2 branches)	1 m.15	1100
Zeppelin (1900) (4 branches)	4 m.30	260

AÉROPLANES	Diam.	Tours p. min.
Voisin	2 m.30	1100
R. E. P. (4 branches)	2 m.00	
Clément-Bayard (2 branches)	2 m.40	700-750
Blériot IX (4 branches)	2 m.30	1500
M. Farman (Mallet, constr.)	2 m.50	800
Wright (2 branches)	2 m.60	450

Propulseurs à réaction. — Il a été récemment proposé, pour les besoins de l'Aviation, un type de propulseur entièrement nouveau, que nous voulons citer moins pour le crédit qu'il inspire que pour son originalité.

Son principe repose sur la réaction créée par l'écoulement rapide d'un gaz.

C'est, pour prendre une analogie simple, l'application aux fluides élastiques du petit chariot hydraulique, bien connu dans les laboratoires de physique, empruntant son mouvement au déséquilibre produit par l'écoulement de l'eau à travers sa paroi postérieure.

Malheureusement, la différence considérable entre la densité des fluides mis en jeu est telle que la similitude des effets n'est possible qu'au prix de vitesses d'écoulements gazeux considérables, inadmissibles. Ce propulseur ne peut donner qu'un rendement désastreux avec les vitesses pratiquement acceptables et sa consommation en combustible, qui atteint près de trente fois celle de l'hélice, lui ôte tout intérêt industriel.

4° *LE CHASSIS-NACELLE*

La nacelle du corps central est, dans certains appareils connus, un organe assez négligé dans sa forme sinon dans ses parties résistantes constitutives. Il n'est guère que quelques aéroplanes sur lesquels il soit possible de constater le profil fusiforme compatible avec le minimum de résistance à l'avancement.

Il y a là, cependant, une nécessité d'autant plus urgente que les grandes vitesses semblent devoir être les allures de régime des futurs véhicules aériens et comme l'a écrit très justement M. H. Farman : « Le poids a moins d'importance que la résistance à la pénétration, c'est-à-dire qu'une pièce quelconque un peu plus lourde mais plus fuselée est préférable à une pièce légère offrant de la résistance à l'avancement. »

On devra donc diminuer, dans la plus large mesure possible, toutes les surfaces *passives* (par comparaison avec les surfaces qui concourent à la sustentation et qui sont dites *actives*) et, en tout cas, on donnera aux accessoires irréductibles des formes fuselées.

Cette phase de la construction exige la plus grande minutie et ce serait une erreur grossière que de supposer négligeables ces résistances parasites dont le total accumulé atteint l'ordre de grandeur des efforts mis en jeu.

C'est ainsi, par exemple, que dans le dirigeable *Dupuy de Lôme* la résistance du ballon proprement dit *ne formait que le quart* de la résistance totale ; les trois autres quarts résultaient de la nacelle et des haubannages.

Ainsi, augmenter les qualités projectiles de la nacelle et des agrès, tel peut être, en résumé, le conseil à donner aux aviateurs contemporains sur la construction de ces organes.

A cet égard, on peut, dès à présent, remarquer que les appareils multi-plans seront toujours inférieurs aux mono-plans en raison des entretoisements nombreux et des haubans indispensables à leur résistance mécanique.

Au point de vue de la construction proprement dite, les poutres armées qui composent la nacelle se font soit en bois, soit en tubes d'acier. Toutefois, les premières semblent préférables tant au point de vue de leur élasticité que de la facilité des réparations. Elles sont assemblées au moyen de pièces fondues en alliages d'aluminium et boulonnées.

Les quatre longerons formant bâti sont entretoisés par des montants en frêne fuselés et le tout est maintenu par des croisillons en fil d'acier convenablement tendus. On recouvre quelquefois l'ossature de tissu de soie du Japon verni (*Clément-Bayard*), mais il convient, dans ce cas, d'éviter tout ressaut ou saillie contrariant l'écoulement de l'air.

La position des surfaces portantes sera déterminée par rapport à la nacelle de façon à placer le centre de pression légèrement au-dessus du centre de gravité de l'appareil, afin de satisfaire à la condition de stabilité développée dans les notions préliminaires [1].

Le châssis est l'organe intermédiaire entre le corps principal et le sol. Il est muni de roues assurant le roulement pendant les manœuvres, le lancement et le retour au sol. Par ses fonctions, il doit être léger, robuste, élastique, capable d'absorber aux atterrissages un travail de plusieurs centaines de kilogrammètres. Le dispositif amortisseur peut être à ressort comme dans les *Blériot*, ou à air comprimé comme dans l'*Antoinette* ou oléo-pneumatique comme dans le *R. E. P.* En ce qui concerne ces derniers appareils, ils ne sont munis que de deux roues porteuses médianes, de sorte qu'ils portent, au repos, sur l'extrémité de l'une ou de l'autre des deux ailes. A cet effet, celles-ci sont également pourvues de roues terminales et au lancement, dès que l'aéroplane a démarré, un mouvement commandé de l'aile traînante redresse l'appareil : la vitesse s'accélère et l'aéroplane s'élève.

En définitive, absorber les oscillations causées par les aspérités du sol, supporter élastiquement l'appareil, absorber la force vive résultant d'un choc brusque, telles sont les conditions difficiles que doit réaliser un bon châssis d'aéroplane.

---

1. Voir dans les *Notions de Mécanique* le paragraphe *Conditions de stabilité.*

CHAPITRE QUATRIÈME

Quelques aéroplanes contemporains

On classe actuellement les aéroplanes par le nombre des plans sustentateurs dont ils se composent en réservant la désignation de *mono-plans* aux appareils munis d'une surface unique et de *poly-plans* aux autres (bi ou tri-plans suivant qu'ils comportent deux ou trois surfaces).

Jusqu'ici et malgré la création du *tri-plan* Farman, qui fut de durée éphémère (comme en atteste le dernier véhicule *bi-plan Farman III* inauguré récemment par le célèbre aviateur), les deux seuls types mono-plans et bi-plans ont eu les faveurs du succès et de la vogue. Il suffira, pour s'en convaincre, de consulter le tableau présenté ci-dessous, des créations éprouvées de l'Aviation contemporaine.

DÉSIGNATION.	Type.	Puissance du moteur.	Surface portante.	Poids total publié.
Santos-Dumont n° 14 bis (1906)	Bi-plan cloisonné	50 ch.	52 m²	300 kg.
Santos-Dumont (1907)	Bi-plan cloisonné	100 ch.	16 m²	325 kg.
Voisin (1905)	— non cloisonné	40 ch.	61 m²	320 kg.
Voisin (Farman) (1908)	Bi-plan cloisonné	40 ch.	53 m² 4	530 kg.
Zens	— non cloisonné	50 ch.	30 m²	240 kg.
Wright	— non cloisonné	25 ch.	55 m²	470 kg.

DÉSIGNATION.	Type.	Puissance du moteur.	Surface portante.	Poids total publié.
—	—	—	—	—
Blériot IX	Mono-plan	50 ch.	26 m²	480 kg.
Raoul Vendôme II . . .	—	50 ch.	24 m²	»
Clément-Bayard	—	50 ch.	23 m²	»
Antoinette V	—	55 ch.	50 m²	520 kg.
R. E. P. II bis.	—	30-35 ch.	15m275	420 kg.

Quelles sont les qualités inhérentes à chacun de ces deux types ?

Le *mono-plan* offre, entre autres avantages, celui de la simplicité de forme, de l'économie de construction, d'une moindre résistance à la pénétration. Par contre, eu égard à l'encombrement et la déformation inévitable avec les grandes voilures fixes, il impose, à égalité d'effets, des vitesses élevées résultant de la petitesse imposée de la surface portante.

D'ailleurs, si les grandes envergures présentent des qualités particulières en donnant davantage de levier aux stabilisateurs transversaux, par contre, elles provoquent, outre les inconvénients de déformation et de remisage cités plus haut, une résistance mécanique moindre à égalité de poids total et de surface, une facilité plus grande à heurter le sol sous des inclinaisons égales, enfin une probabilité plus fondée à obtenir des différences de réaction sur les deux ailes.

Au contraire, le *multi-plan* supprime en grande partie ces inconvénients. Sa stabilité est meilleure mais sa résistance à l'avancement est plus considérable et son allure moindre.

Il est à peu près certain, d'après ces considérations, que l'aéroplane de l'avenir n'appartiendra pas plus particulièrement à l'un qu'à l'autre type.

Suivant les applications visées, chacun d'eux trouvera l'emploi de ses qualités particulières, le premier répondant, par exemple, aux desiderata du tourisme; le second pouvant convenir comme véhicule à capacité de chargement élevée.

Nous passerons maintenant en revue les différents appareils consacrés par l'expérience ainsi que ceux qui, par l'autorité de leurs auteurs, sont destinés à l'être dans un avenir peu éloigné.

I. — LES MONO-PLANS

L'AÉROPLANE « CLÉMENT-BAYARD »

L'aéroplane *Clément-Bayard* résume dans son ensemble l'œuvre de M. V. Tatin, que trente années de recherches patientes et d'observations sagaces ont fait l'un des représentants les plus autorisés de l'école française d'Aviation.

Cet appareil est du genre *mono-plan*, mais, ainsi que nous l'avons dit, à l'image de l'aile des oiseaux durant la phase d'appui sur l'air, les voilures présentent une convexité transversale vers le sol, afin d'acquérir l'équilibrage automatique le plus parfait.

L'*envergure* totale est de 13 m. 20 mais elle comprend environ 80 centimètres réservés à l'emplacement du corps central. La configuration des ailes en plan est sensiblement celle d'une ellipse dont le petit axe mesurerait 2 m. 50. Il en résulte une surface portante réelle de 23 mètres carrés, non compris les 7 mètres carrés d'aire caudale stabilisatrice arrière, de forme semblable à la première et placée à 4 m. 40 de celle-ci.

Les qualités projectiles ont été soigneusement réalisées par l'adoption d'une nacelle fusiforme quadrangulaire de 6 m. 50 de longueur et de 0 m. 90 de côté, aussi bien que par la protection judicieusement comprise des organes ne concourant pas à la sustentation ou à la direction. La *nacelle* est aménagée pour recevoir le moteur, les approvisionnements et le pilote

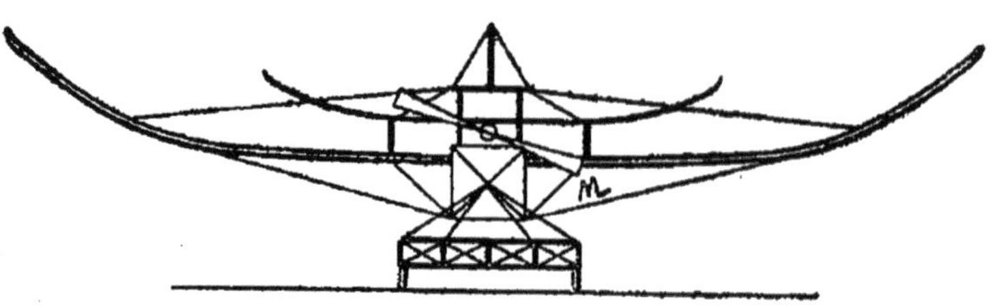

Aéroplane Clément-Bayard. (*Profil.*

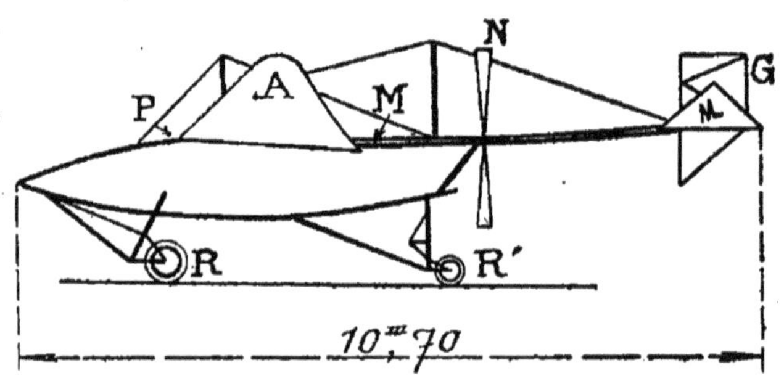

Aéroplane Clément-Bayard. (*Elévation.*)
P, poste du pilote. — A, ailes. — M, *arbre de l'hélice.* — N, *Hélice* G, *gouvernail d'arrière.* — R, R, roues.

dont seule la tête doit émerger de son abri, dans la position de voyage. Elle est en bois de noyer recouvert de soie du Japon, vernie au procédé Davoust.

L'*hélice* à deux branches, constituée par une série de lames de noyer assemblées, collées et pressées en éventail est fixée à la pointe arrière de la nacelle. Elle est actionnée par un moteur de 50 chevaux à 1 200 tours et un démultiplicateur qui réduit la vitesse aux trois cinquièmes de sa valeur. Son diamètre est de 2 m. 40

Le moteur d'aviation Anzani.

Le moteur d'aviation R. E. P.

et son pas, 2 m. 50. Sur ces données, M. Chauvière, le constructeur bien connu de l'hélice « Intégrale », a établi cet organe dans des conditions de robustesse et de légèreté qui révèlent les derniers perfectionnements.

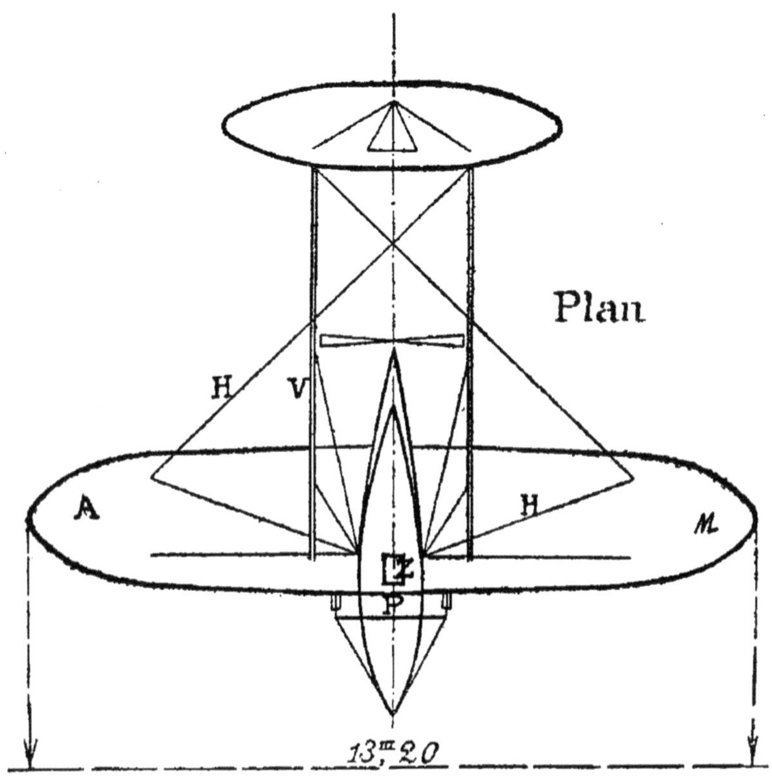

Aéroplane Clément-Bayard.

H, *haubans.* — P, *poste du pilote.* — A, *ailes.* — V, *longrines.* — Z, *moteur.*

Le *moteur* possède, ainsi que nous l'avons dit, une puissance de 50 chevaux à 1 200 tours et pèse 70 kilogrammes. Il a été étudié par M. Clerget et comporte sept cylindres horizontaux de 100 millimètres d'alésage, 115 de course, disposés en étoile.

Toutefois, il est possible que ce moteur soit prochainement remplacé par un quatre-cylindres monobloc Bayard-Clément de 100 millimètres d'alésage, 120 millimètres de course tournant à 1 600 tours et pesant, complet, 109 kilogrammes.

En ce qui concerne les évolutions en hauteur ou en profondeur de cet appareil, elles sont réalisées par des mouvements de la surface caudale, légèrement mobile en relevée ou en plongée.

Quant aux virages, ils sont provoqués à l'aide d'un gouvernail vertical actionné par le volant de direction et situé à l'arrière, légèrement au-dessus de la queue stabilisatrice.

La commande des mouvements est transmise par des câbles métalliques tressés glissant sur des poulies judicieusement disposées.

L'auteur prévoit une vitesse de 20 mètres par seconde ne nécessitant qu'une puissance de 20 à 25 chevaux. La puissance disponible supplémentaire sera employée à augmenter la vitesse et les approvisionnements.

Bien qu'il n'ait pas encore été soumis à l'expérience, nous avons cru intéressant de décrire cet appareil autant pour l'autorité de son créateur que pour son agencement rationnel et son originalité.

L'AÉROPLANE « R. E. P. » II *bis*.

L'aéroplane R.E.P. II *bis* est un *mono-plan* muni d'ailes gauchissables sous l'action commandée de quatre haubans sous-tendeurs.

Ainsi que nous l'avons dit précédemment, ces ailes sont particulièrement soignées, puisque, avec 9 m. 60 d'envergure (corps compris) et 15 m. 75 de surface, elles enlèvent 26 kg. 600 par mètre carré à la vitesse de 60 kilomètres à l'heure, soit un poids total de 420 kilogrammes.

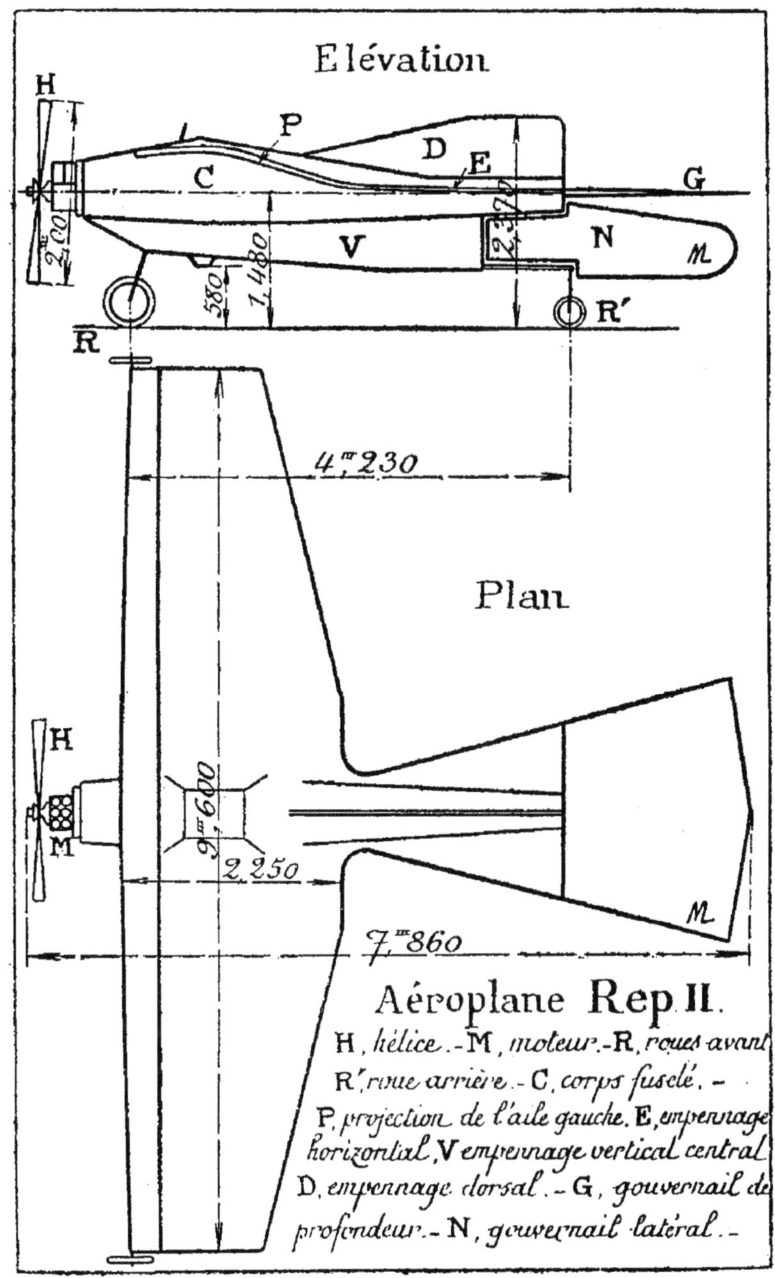

Aéroplane Rep II.

H, *hélice.* - M, *moteur.* - R, *roues avant* R', *roue arrière.* - C, *corps fuselé.* - P, *projection de l'aile gauche.* E, *empennage horizontal*, V *empennage vertical central* D, *empennage dorsal.* - G, *gouvernail de profondeur.* - N, *gouvernail latéral.* -

Elles sont composées de nervures en bois, solidarisées transversalement par deux longerons judicieusement placés. Deux haubans commandent le gauchissement de chaque aile et relient celle-ci à la partie inférieure du châssis.

L'*hélice* est métallique ; elle porte quatre branches souples et présente 2 mètres de diamètre. Elle est directement calée sur l'arbre vilebrequin d'un moteur R. E. P.

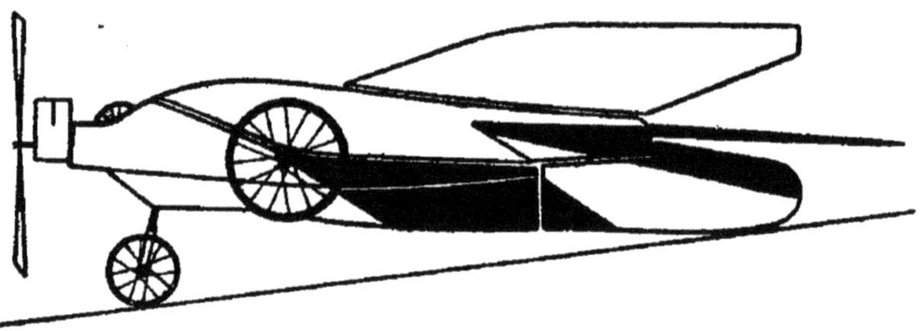

L'aéroplane Robert Esnault-Pelterie. (*Profil.*)

fixé à l'avant et dont nous avons précédemment décrit les ingénieuses dispositions mécaniques.

Il comprend sept cylindres et développe 30-35 chevaux. Son poids n'est que de 68 kilogrammes et il partage cette qualité commune aux créations de R. E. P. d'une répartition rationnelle du métal qui travaille au-dessous de sa limite de résistance, en supportant des efforts moindres que dans les productions silimaires mais continus.

L'*allumage* du moteur est réalisé par une magnéto Bosch et le refroidissement s'accomplit par la simple action du courant d'air provoqué par la vitesse ; toutefois un ventilateur est préconisé pour les allures inférieures à 45 kilomètres à l'heure. Sa position extrême avant facilite d'ailleurs ces prévisions.

Nous avons vu précédemment le procédé original du

lancement de l'aéroplane R. E. P. En ce qui concerne la conduite de l'appareil, elle comprend, comme dans tout véhicule aérien, deux difficultés distinctes : assurer la stabilité et commander la direction.

La première est solutionnée par la manœuvre d'un levier de stabilisation monté à la cardan et disposé à la gauche du pilote : dès que l'équilibre est rompu dans un sens, il suffit de pousser le levier dans le sens opposé pour actionner les organes propres à ramener la marche stable. Manœuvré latéralement pour rétablir l'équilibre transversal, il gauchit les ailes par la traction des haubans sous-tendeurs; manœuvré longitudinalement (pour rétablir l'équilibre longitudinal), il oriente, au gré de l'aviateur, un gouvernail de profondeur constitué par une surface profilée terminant l'appareil.

Un *gouvernail* vertical, équilibré, est disposé à l'extrémité arrière du châssis : il forme, dans sa position neutre, un empennage facilitant la bonne tenue de l'appareil. Actionné par un levier vertical placé devant l'aviateur, il assure la direction latérale.

En définitive, deux leviers, dont les mouvements correspondent aux impulsions réflexes du pilote, suffisent à assurer toutes les manœuvres. Quant à la mise en marche et l'accélération du moteur, ces opérations sont réalisées par deux pédales aisément accessibles.

Le corps est composé d'un *fuselage* en tube d'acier dont le maître couple est placé au tiers avant de la longueur totale.

Enfin, l'ensemble de l'aéroplane est supporté par un châssis porteur, muni d'une suspension à frein oléo-pneumatique adapté à la roue avant et dont l'action efficace s'exerce durant les périodes difficiles d'atterrissage. Ce frein, remarquablement étudié, n'a que 25 centimètres de course et bien que son poids ne soit que de 5 à 6 kilogrammes, la puissance qu'il est capable d'absorber peut atteindre 350 kilogrammètres.

En résumé, cet aéroplane, qui offre une résistance à la pénétration rationnellement diminuée et une bonne stabilité transversale grâce au gauchissement des voilures, ne laisse de légers doutes que sur sa stabilité longitudinale que l'expérience permettra de corriger aisément.

Néanmoins, l'appareil a réussi des vols de 500 mètres qui sont le témoignage indiscutable de ses qualités techniques et la promesse de plus brillants succès.

L'AÉROPLANE « BLÉRIOT IX »

Comme les précédents, le *Blériot IX* est un *monoplan* dont les ailes sont terminées par des ailerons de stabilisation, mobiles autour d'un axe horizontal.

Celles-ci sont composées d'une membrure en acajou et peuplier offrant une concavité variable des extrémités aux points d'attache et sur laquelle est tendu dessus et dessous un papier parchemin.

L'*envergure* totale est de 9 mètres, la surface portante est de 26 mètres carrés et l'angle d'attaque, 8°.

Outre les *ailerons* dont nous venons de parler, manœuvrables en sens inverse l'un de l'autre, de manière à réaliser un virage ou un redressement ou à volonté, manœuvrables dans le même sens pour servir de gouvernail de profondeur, les dispositifs de stabilisation comprennent encore un *empennage* horizontal fixé à l'arrière du corps central pour l'équilibre longitudinal, le *gouvernail de direction latérale* et un *équilibreur postérieur*.

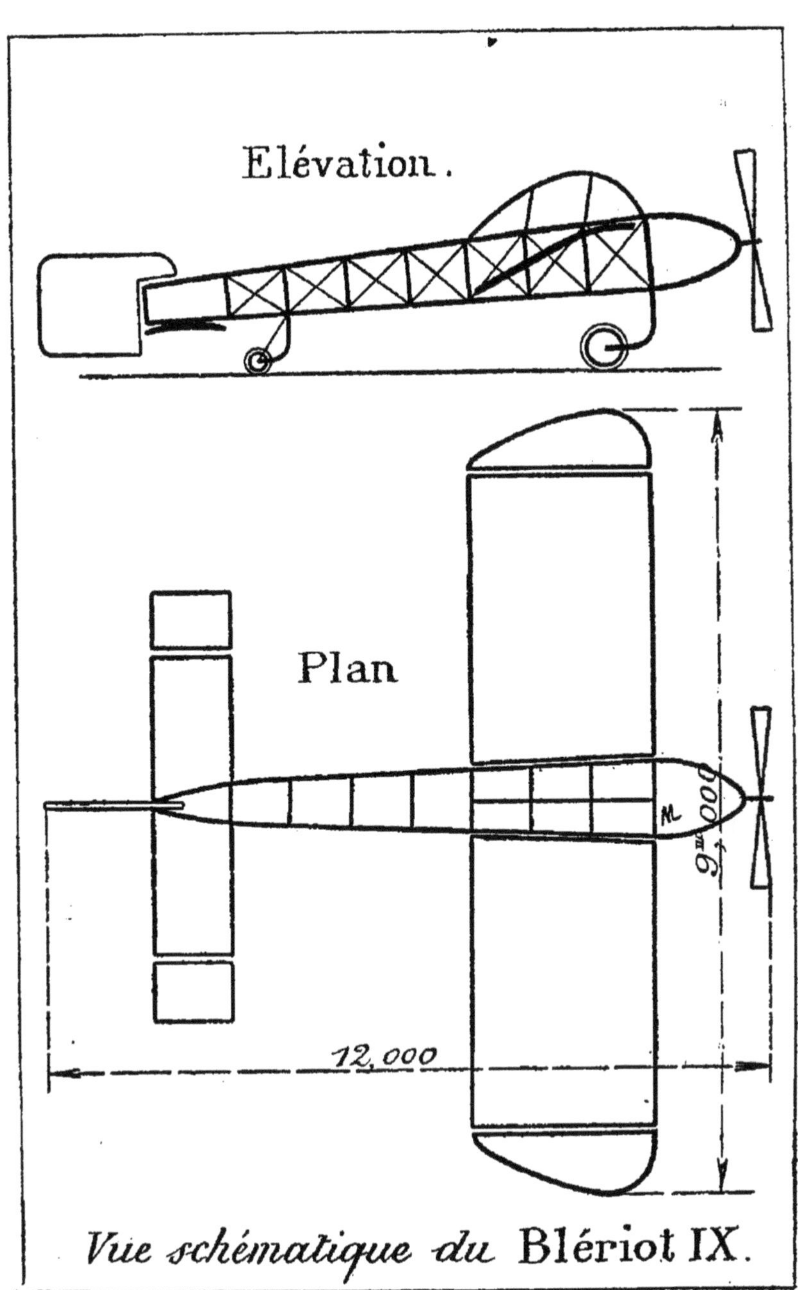

Vue schématique du Blériot IX.

Toutes les manœuvres sont exécutées au moyen d'un artifice ingénieux, qui est la principale caractéristique de ces appareils : l'arbre du volant de commande est orientable et porte, à la partie inférieure, une cloche montée sur cardan à laquelle sont attachés tous les fils de commande. Par l'inclinaison donnée au volant, le pilote écarte la cloche de sa position neutre et agit sur les organes stabilisateurs ou directeurs pour évoluer dans le sens inverse à celui de la manœuvre exécutée : c'est ainsi qu'en portant le volant en avant, le gouvernail de profondeur s'oriente pour la descente ; en le portant, au contraire, en arrière, il s'oriente pour la montée. De même, les déplacements transversaux commandent le redressement latéral de l'appareil.

Ainsi l'aviateur reste maître de son appareil qu'une simple manœuvre instinctive suffit à équilibrer. C'est là, d'après M. Blériot, une qualité supérieure à l'équilibrage automatique si opiniâtrément cherché par quelques inventeurs et dont l'effet serait nuisible, sinon dangereux, étant données les incidences à tout instant variables sous lesquelles il faut attaquer les courants aériens, principalement au voisinage du sol.

L'*hélice* du *Blériot IX* est à quatre branches métalliques, flexibles, de 2 m. 10 de diamètre et 1 m. 40 de pas.

Le *moteur* qui l'actionne est un « Antoinette » de 50 chevaux seize cylindres, sans carburateur, l'alimentation se faisant par injection directe.

Le *radiateur* est constitué par le corps même du fuselage.

Celui-ci est constitué par une poutre armée de section quadrangulaire à l'avant et triangulaire à l'arrière. Les longerons sont entretoisés par des montants en bois de frêne et le tout est rigidement maintenu par des fils d'acier croisés et fortement tendus.

L'ensemble est supporté par un *châssis* à trois roues formé de montants en bois et de tubes d'acier assemblés. La liaison du châssis aux roues est réalisée à l'aide d'un triangle déformable, sur lequel l'amortissement

L'aéroplane *Blériot IX*.

aux chocs est assuré à l'aide d'un puissant ressort capable d'absorber la puissance considérable mise en jeu aux époques d'atterrissage.

L'appareil pèse, complet, y compris l'aviateur, 480 kilogrammes, c'est-à-dire plus de 18 kilogrammes soulevés par mètre carré de surface portante à la vitesse de 70 kilomètres à l'heure.

Nous ne saurions terminer la description du *Blériot IX* sans rappeler son voyage du 31 octobre 1908 destiné à rester mémorable dans les annales de l'Aviation.

C'est, en effet, à cette date, désormais historique, que Louis Blériot exécuta le premier voyage aller et retour, avec escale, en aéroplane.

Parti de Toury (Eure-et-Loir) à deux heures cinquante du soir, à bord de son monoplan, il vira à Artenay (Loiret), localité, située à 14 kilomètres de la première, qu'il avait atteint après onze minutes de vol et revint à son hangar à cinq heures du soir après avoir parcouru le chemin inverse, non sans faire escale à deux reprises différentes, en pleine campagne, pour réparer sa magnéto d'allumage, démontrant ainsi les remarquables aptitudes de lancement et d'atterrissage de son minuscule aéroplane.

LE « BLÉRIOT XI »

Le *Blériot XI*, le dernier en date de la série d'appareils exécutés par l'éminent ingénieur, se différencie du précédent par une construction plus soignée, un encombrement plus réduit, une vitesse plus grande.

Il est composé, comme son congénère, N° IX, d'un *fuselage* quadrangulaire où le bois, le fer et l'aluminium sont rationnellement employés. Cependant, il n'est que de 8 mètres de longueur et les ailes qu'il supporte n'ont que 7 m. 20 d'envergure et 12 mètres carrés de surface portante sous 7° d'angle d'attaque.

Cette faible surface sustentatrice provoque une charge de plus de 27 kilogrammes par mètre carré à une vitesse de 80 kilomètres à l'heure.

Quelques modifications dans les dispositifs de stabilisation et de direction méritent d'être mentionnés. Tout d'abord, l'addition d'un plan de dérive placé verticalement au-dessus des ailes et destiné à augmenter la stabilité de direction sur l'horizontale et renforcer l'action du gouvernail vertical. Comme organe stabilisateur fixe, un *empennage horizontal* flanqué de deux ailerons est disposé à l'arrière ; les panneaux orientables agissent en concordance avec le gauchissement des ailes qui, dans ce nouvel appareil, sont privées des extrémités mobiles qui caractérisaient les voilures du *Blériot IX*.

Le *gouvernail vertical de direction* est manœuvré au

pied. L'*hélice*, légèrement plus petite que la précédente, mesure 2 mètres de diamètre, 1 m. 15 de pas.

Elle est à quatre branches métalliques et sa commande est en prise directe avec un moteur R. E. P, 7 cylindres, 30 chevaux, situé à l'avant du corps central.

L'essai de cet appareil, pratiqué en février 1909 à Issy-les-Moulineaux et à Buc, a fourni des résultats encourageants, dont plusieurs vols de 2 kilomètres avec virage par vent très vif.

Plus récemment, le 4 juillet, ce magnifique petit appareil réussissait à tenir l'air pendant 50 minutes à l'aérodrome de Juvisy.

Le 13 juillet, à cinq heures du matin, il prenait son vol à la ferme de Mondésir, près d'Étampes, croisait un express et, après une escale de 11 minutes, atterrissait à Chevilly, non loin du petit village d'Artenay, déjà célèbre par le voyage du 31 octobre, après avoir parcouru 41 km. 500 à 50 mètres de hauteur moyenne en 45 minutes effectives.

Ce nouvel exploit valait à son auteur le *prix du voyage en ligne droite.*

L'AÉROPLANE « RAOUL VENDOME II »

Cet appareil du type mono-plan a subi avec succès une expérimentation sévère et discrète qui nous oblige à en dire quelques mots.

Il mesure 9 mètres d'envergure, 12 mètres de longueur et sa voilure, composée d'une membrane en bois tendue de toile très serrée, non vernie, présente une surface portante de 24 mètres carrés.

Elle offre, en outre, une disposition fort ingénieuse, dite *gauchissement universel* permettant à chaque aile de tourner sur elle-même, indépendamment de l'autre, sous l'action de commande d'un levier. On réalise ainsi une torsion équivalente à un gauchissement de la voilure, capable comme celui-ci de rétablir l'équilibre transversal de l'appareil et d'amorcer les virages.

La manœuvre simultanée des deux leviers de gauchissement change l'incidence des ailes et provoque aisément la montée ou la descente.

En outre, comme dans les appareils de V. Tatin, la voilure forme un angle dièdre tournant sa convexité vers le sol.

Les changements de direction et les virages sont réalisés sans gouvernail de direction par la manœuvre de deux ailerons appliqués à l'extrémité des ailes et susceptibles de se relever par une commande à pédale.

Une queue stabilisatrice ou gouvernail de profondeur, à forme de queue d'aronde légèrement concave, manœuvrée par l'aviateur, assure la stabilité longitudinale.

L'hélice, à deux branches, en bois d'hickory plaqué et entoilé, mesure 2 m. 45 de diamètre et pèse 2 kilogrammes. Elle est actionnée par un moteur Anzani, huit cylindres, 50 chevaux, pesant 108 kilogrammes, sur lequel elle est montée en prise directe.

Le corps est constitué par une poutre fuselée, croisillonnée et chevillée, de section quadrangulaire, tout entière en bois d'hickory, montée sur trois roues, avec ressorts amortisseurs.

Cet aéroplane effectua plusieurs vols dans des circonstances particulièrement difficiles qui sont le meilleur témoignage de ses qualités techniques. Il a réussi à remonter, entre autres performances, à la vitesse de 40 kilomètres à l'heure, un vent de 10 mètres à la seconde, et ceci prouve suffisamment sa faible résistance à la pénétration, grâce à laquelle le démarrage, la mise en vitesse et l'essor sont d'une exécution facile et prompte, ce qui n'est pas un faible mérite.

L'AÉROPLANE « ANTOINETTE V ».

Après avoir donné le moteur léger que nous avons décrit d'autre part, la Société Antoinette et son éminent ingénieur, M. Levavasseur, ont abordé l'étude et la construction d'aéroplanes complets dont le *Gastembide-Mengin* fut le premier exemplaire et l'*Antoinette V* l'appareil définitif.

Ce dernier est du type *mono-plan*, à ailes symétriques, trapézoïdales, relevées en forme de V, mesurant 12 m. 80 d'envergure, 50 mètres carrés de surface portante totale et 4° d'angle d'attaque. Il pèse 529 kilogrammes.

La *membrure* est métallique et composée de poutres longitudinales et transversales assemblées, offrant une convexité extérieure optima dans le sens du vol. Les deux faces sont entoilées, et malgré leur apparence massive, leurs voilures ainsi constituées ne pèsent pas plus de 1 kilogramme par mètre carré.

Elles sont supportées par un *corps central* de section triangulaire, de configuration horizontale fusiforme tronquée, construit en métal et recouvert, comme les ailes, d'une toile plusieurs fois vernie et poncée, très glissante.

L'extrémité arrière du corps central porte un double *empennage* horizontal et vertical qui forme la queue stabilisatrice de l'appareil.

Ce double empennage est d'ailleurs prolongé d'un *gouvernail de profondeur* et d'un *gouvernail de direction* que sa grande distance au centre de gravité de l'ensemble dote d'une efficacité considérable.

Ces derniers organes fournissent la stabilité longitudinale.

En ce qui concerne la stabilité latérale, elle est assurée par deux ailerons articulés à l'extrémité et à l'arrière des ailes. La commande qui les relie est telle que l'un se lève quand l'autre s'abaisse, équivalant ainsi à un gauchissement énergique en raison de l'amplitude des pivotements que l'on peut exercer.

La commande du véhicule est réalisée à l'aide de trois *volants* dont l'un agit sur le gouvernail de profondeur, alors que les deux autres agissent sur le gouvernail de direction et les ailerons. Leur manœuvre, très facilitée, peut être effectuée par la même main.

Enfin, un interrupteur à pédale permet d'arrêter le moteur, tandis que deux manettes règlent la carburation et l'avance à l'allumage.

La *propulsion* est assurée par une hélice Antoinette à deux branches métalliques (acier et aluminium) de 2 m. 20 de diamètre et 1 m. 30 de pas placée à l'avant. L'orientation des ailes et le pas de l'hélice sont modifiables. Elle est montée en prise directe avec le moteur qui est du type précédemment décrit et développe 55 chevaux à 1 100 tours.

Enfin, l'ensemble de l'appareil est supporté : 1° par *un patin* composé de deux longerons réunis par des entretoises et terminés par un galet et une roue montés à bille. Ce patin est placé en avant sous le corps de l'appareil qu'il soutient par l'intermédiaire de deux amortisseurs à air comprimé, et il dépasse suffisamment l'esquif pour protéger l'hélice contre un choc possible à l'atterrissage ; 2° par *deux béquilles* placées sous les ailes et en leur milieu, évitant ainsi tout contact accidentel de ceux-ci avec le sol, tout en limitant les oscillations transversales ; 3° enfin, par une *crosse* protégeant la queue et atténuant les déplacements angulaires longitudinaux au départ et à l'atterrissage.

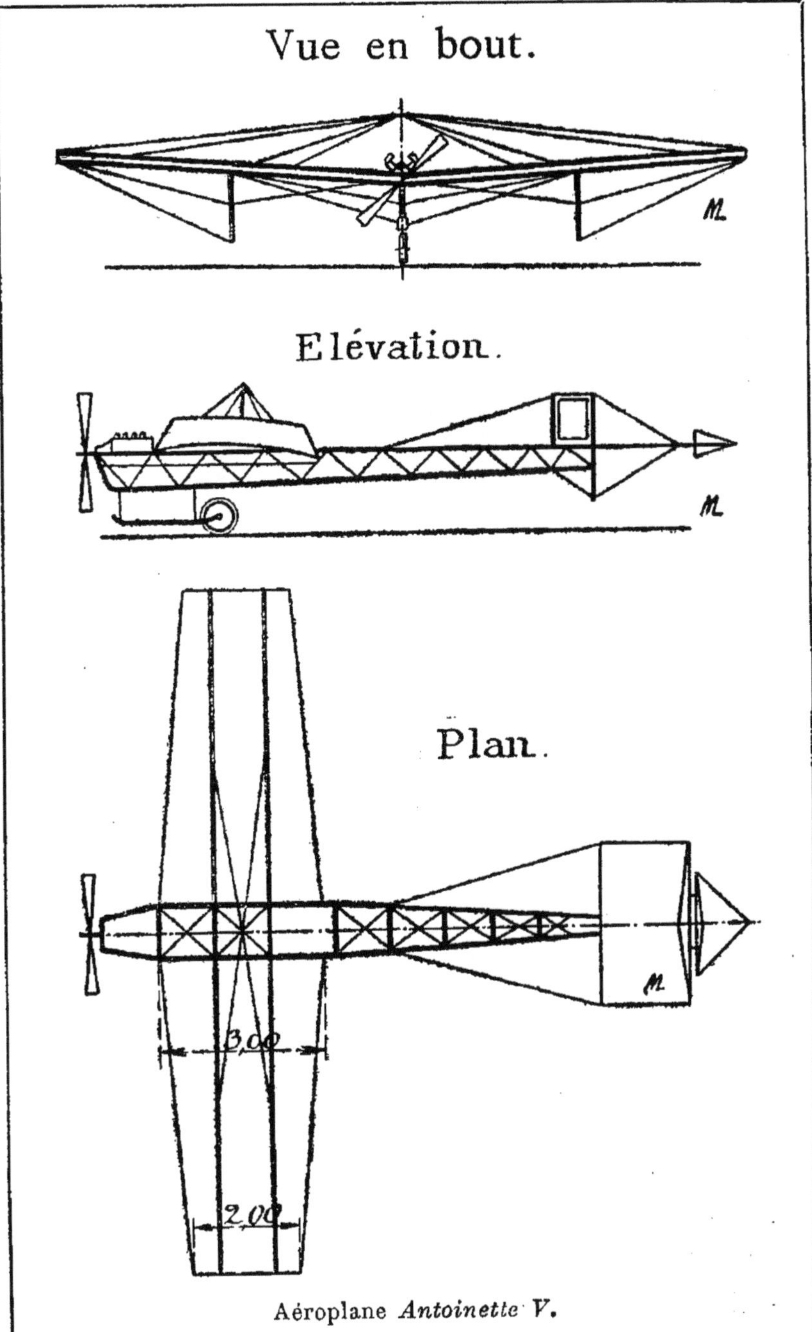

Aéroplane *Antoinette V.*

Au repos, l'appareil porte sur le sol par son patin, les béquilles et la crosse. Quand la vitesse s'accélère, celle-ci perd d'abord contact, puis ce sont les béquilles, et l'aéroplane se stabilise progressivement, ne reposant plus que par sa roue médiane qui, à son tour, quitte

L'aéroplane *Antoinette V*. — Pilote Hubert Latham.

sa surface d'appui, dès que l'allure est devenue suffisante.

Le pilote possède un emplacement ménagé dans la nacelle à distance du moteur et de l'hélice. L'aménagement intérieur est tel, qu'il bénéficie de conditions particulièrement heureuses de commodité et de sécurité : c'est ainsi qu'un matelassage spécial est prévu pour éviter qu'il soit projeté à l'avant, en cas de choc violent.

Ce magnifique appareil, essayé successivement à Issy-les-Moulineaux et au camp de Châlons, fournit à ses débuts des résultats tels, qu'il était possible, dès cette époque, de prévoir de plus glorieuses performances. Elles se sont réalisés les 5 et 6 juin 1909 : dates auxquelles Latham s'appropria le record français de la durée en effectuant, le premier jour, à la vitesse de 70 kilomètres à l'heure, un vol de 1 h. 7 m. ; le second jour un vol de 5 km. 500 hors de l'aérodrome

Le bi-plan " H. Farman, nº III ", au camp de Châlons.

en 4 m. 13 s., répondant ainsi aux conditions exigées pour l'attribution du prix Ambroise Goupy.

II. — LES BI-PLANS

LES BI-PLANS DE SANTOS-DUMONT

Nous commencerons la monographie des appareils bi-plans par les deux aéroplanes *Santos-Dumont* de ce type dont l'un, le *14 bis*, valut à son auteur, le 23 octobre 1906, la *coupe Archdeacon* pour la première envolée (60 mètres) qui, dans le monde entier, ait été sanctionnée officiellement.

Le Santos-Dumont *14 bis* (1906) était composé de deux *ailes bi-planes* formant dans leur ensemble un V très ouvert et une surface portante totale de 52 mètres carrés.

Elles étaient reliées par une poutre effilée à une cellule servant de *gouvernail de profondeur* placée à l'avant. Aucun organe autre que des cloisonnements verticaux n'assurait la stabilité qui restait précaire, malgré les nombreuses retouches auxquelles celle-ci avait donné lieu.

La *propulsion* était assurée par une *hélice* située tout à fait à l'arrière et mesurant 2 mètres de diamètre et 1 mètre de pas.

Elle était montée directement sur l'arbre d'un moteur Antoinette de 50 chevaux tournant à 1 500 tours. Le poids total de l'appareil s'élevait à 300 kilogrammes, y compris l'aviateur, et l'ensemble de l'appareil était simplement soutenu par un essieu unique complété de deux roues et placé sous la voilure principale.

Outre la performance enregistrée plus haut, cet

7

appareil, pour critiquable qu'il soit, réussit, le 12 novembre de la même année, un vol de 220 mètres en 21 secondes, qui finit de convaincre les sceptiques pour

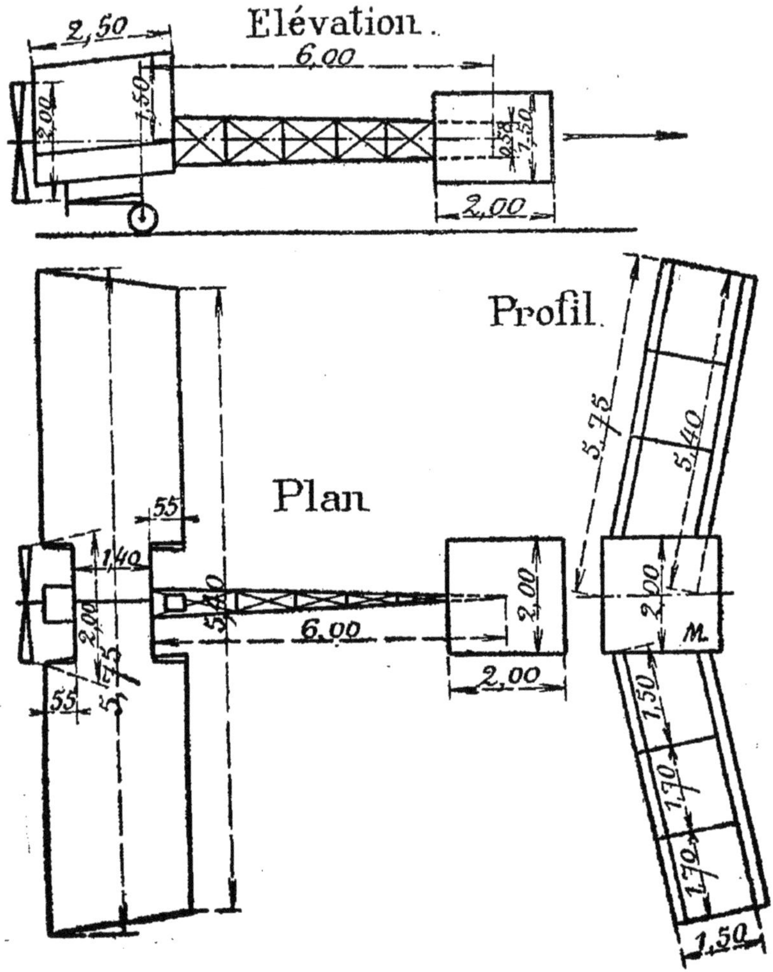

L'aéroplane Santos-Dumont, n° *14 bis*. — Modèle 1906.
Hélice de 2 mètres de diamètre : pas de 1 mètre ; surface, 52 mètres carrés.
Poids, y compris l'aviateur : 300 kilogrammes.

lesquels le premier exploit avait paru comme une manifestation heureuse, mais éphémère.

Le *modèle 1907* se différencie surtout du précédent par la disposition inverse des mêmes organes. Les ailes sont encore *bi-planes*, réunies par deux cloisons normales à leur surface et assemblées en angle dièdre largement ouvert (164°) par une nouvelle cellule en forme de V.

Les *voilures principales*, légèrement cintrées, four-

Aéroplane de Santos-Dumont.

nissent une surface portante de 13 mètres carrés. Elles ne sont plus faites de toiles comme l'était le *14 bis* et comme le sont la plupart des voilures d'aéroplanes, mais en bois d'okoumé et acquièrent ainsi l'indéformabilité impossible à obtenir avec des surfaces entoilées.

La *cellule avant* et sa flèche de liaison ont été supprimées dans l'appareil 1907 et remplacées par un gouvernail cellulaire arrière également en bois et placé à l'extrémité d'un corps trapézoïdal en bambou, entretoisé par des fils d'acier munis de tendeurs.

Outre ce *gouvernail* orientable verticalement et horizontalement, deux plans rectangulaires mobiles autour d'un axe horizontal et disposés à l'extrémité avant de

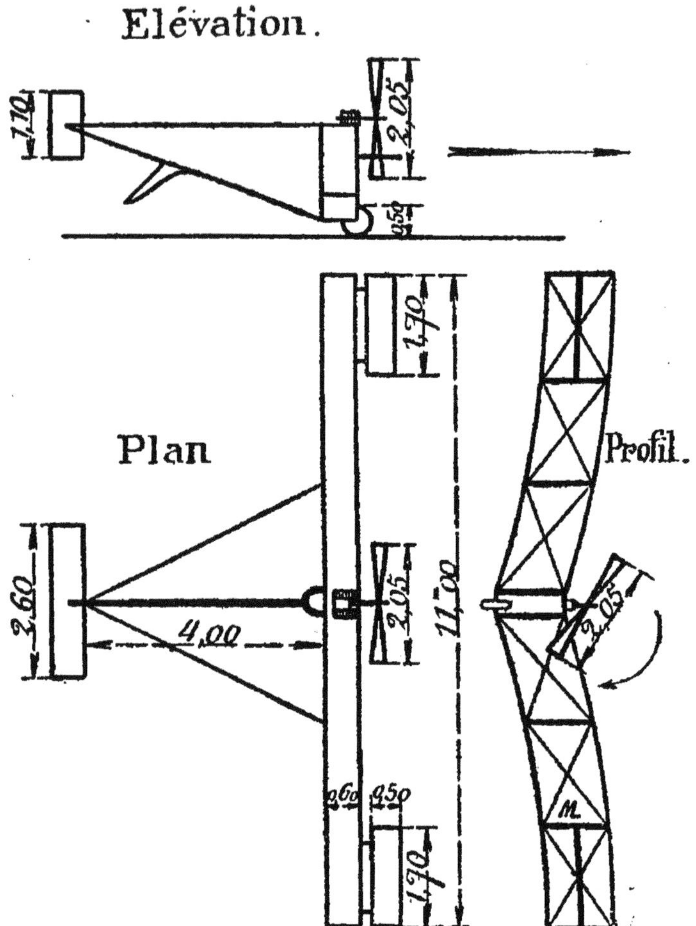

L'aéroplane Santos-Dumont. — Modèle 1907.

chaque aile, peuvent varier à volonté d'incidence sur l'horizontale et permettent ainsi de virer ou de changer de direction sans l'intervention de gouvernail vertical.

L'*hélice métallique*, à deux branches, est du type Antoinette ; elle a 2 m. 05 de diamètre, 1 m. 70 de pas et tourne à 1 300 tours actionnée directement par un moteur Antoinette 100 chevaux, seize cylindres pesant 100 kilogrammes.

L'appareil tout entier pèse au total, en ordre de marche, 325 kilogrammes.

Il repose sur une roue porteuse de 0 m. 40 de diamètre munie d'un bandage pneumatique extrêmement épais et suspendue élastiquement.

En outre, une *béquille* sous chaque aile et un *patin* non loin du gouvernail arrière évitent le basculement au repos, au lancement ou à l'atterrissage.

Malgré qu'il fût plus récent, cet appareil n'atteignit pas les résultats du précédent. On n'en peut accuser que la petitesse des surfaces sustentatrices qui impose des vitesses beaucoup plus considérables et des efforts plus grands.

D'ailleurs, la disproportion marquée entre l'énergie mise en jeu et le poids utile soulevé montre l'imperfection évidente des surfaces et du propulseur.

L'AÉROPLANE ZENS

L'aéroplane de MM. Ernest et Paul Zens se compose de deux *ailes bi-planes concaves* dont les surfaces composantes sont d'égale envergure (8 m. 50), mais d'inégale profondeur : 1 m. 20 pour la surface supérieure et 2 m. 30 pour la surface inférieure, de sorte que, vue en plan, celle-ci dépasse largement à l'arrière la surface supérieure.

Toutefois, les deux surfaces affectent, dans le sens transversal, la forme de deux V inégalement ouverts, et malgré qu'il n'y ait pas de cloisons verticales, elles sont solidement réunies par des montants en bois profilé qui

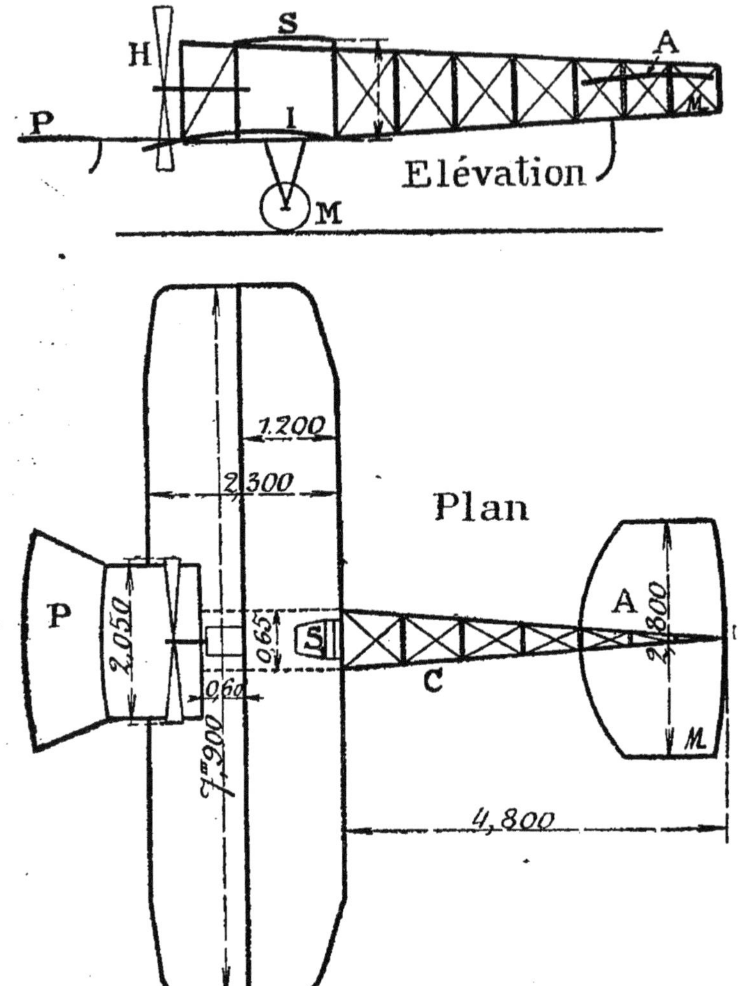

Aéroplane Zens A : *avant.* S, *plan supérieur* I, *plan inférieur.* — C, *corps.* — A, *gouvernail.* — S_1, *siège de l'aviateur.* — H, *hélice.* — M, *roue* ; — P, *plan arrière.*

achèvent d'en faire une poutre composée robuste.

Il résulte de cette différence relative dans la section

frontale des voilures, qu'elles sont plus rapprochées à leurs extrémités libres qu'à leurs arêtes internes, et afin d'assurer une *stabilité* plus grande encore, les bords extrêmes sont fortement relevés vers le haut.

Un *gouvernail stabilisateur concave* orientable dans toutes les directions est placé en avant, à l'extrémité

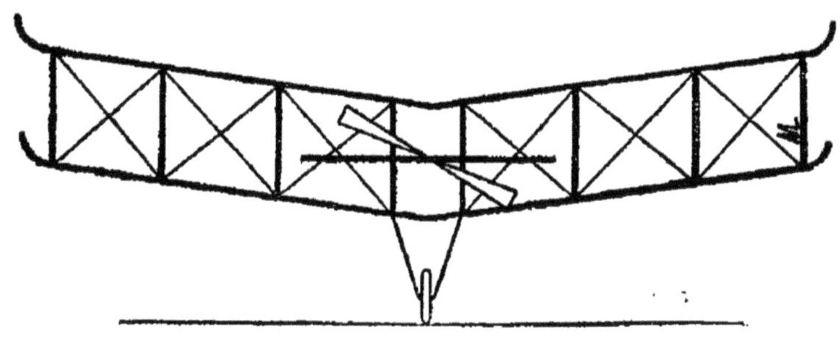

Aéroplane Zens. (*Profil.*)

d'un *corps prismatique* quadrangulaire en bois, encastré entre les deux ailes.

A l'arrière, une *surface caudale* ayant la configuration d'un segment de couronne, forme empennage et termine l'appareil.

Celui-ci est supporté par une roue unique médiane logée sous la voilure principale, et des béquilles élastiques judicieusement disposées atténuent l'effet du choc aux atterrissages en même temps qu'elles déterminent la position de repos.

L'*hélice propulsive*, à deux branches, est placée à l'arrière, entre l'empennage et les ailes. Elle mesure 2 m. 05 de diamètre et 1 mètre de pas, et est commandée directement par un moteur de 50 chevaux.

La surface portante totale de l'appareil est de 30 mètres carrés et son poids de 240 kilogrammes.

Le pilote est installé dans un « coke pitt » devant

le moteur et un volant lui permet d'effectuer aisément les diverses manœuvres.

L'AÉROPLANE MAURICE FARMAN

L'aéroplane Maurice Farman, construit par l'ingénieur-aéronaute Mallet, est un *bi-plan gauchissable* muni d'une *queue stabilisatrice* et d'un *gouvernail de profondeur* à l'avant.

Les *plans porteurs* ont 10 mètres d'envergure et 2 mètres de profondeur. Ils sont constitués par une membrure en bois recouverte de coton verni et sont susceptibles, par leurs coins externes postérieurs, d'un gauchissement inverse commandé par un levier placé à la gauche de l'aviateur.

Le *gouvernail de profondeur*, placé à l'avant, est constitué par un plan de 4 m. 90 d'envergure et 0 m. 90 de profondeur ; ce plan est dédoublé en deux portions symétriques par rapport à l'axe de l'appareil, et, de plus, susceptible de pivoter autour d'un axe horizontal au gré de l'aviateur.

L'arrière du véhicule est terminé par une *cellule stabilisatrice* fixe, composée de deux plans concourant à la sustentation et mesurant 3 mètres d'envergure et 2 mètres de profondeur. La liaison aux plans porteurs est réalisée par quatre longerons entretoisés et croisillonnés par des fils d'acier.

Le *gouvernail vertical de direction*, monté à l'intérieur de cette cellule, est commandé par un câble partant du volant de direction.

L'aéroplane sera équipé successivement de deux moteurs : 1° un moteur R. E. P., dix cylindres, 40 chevaux, pesant 100 kilogrammes ; 2° un moteur Renault huit cylindres en V, à refroidissement par ailettes, fournissant 58 chevaux au frein et pesant 178 kilogrammes.

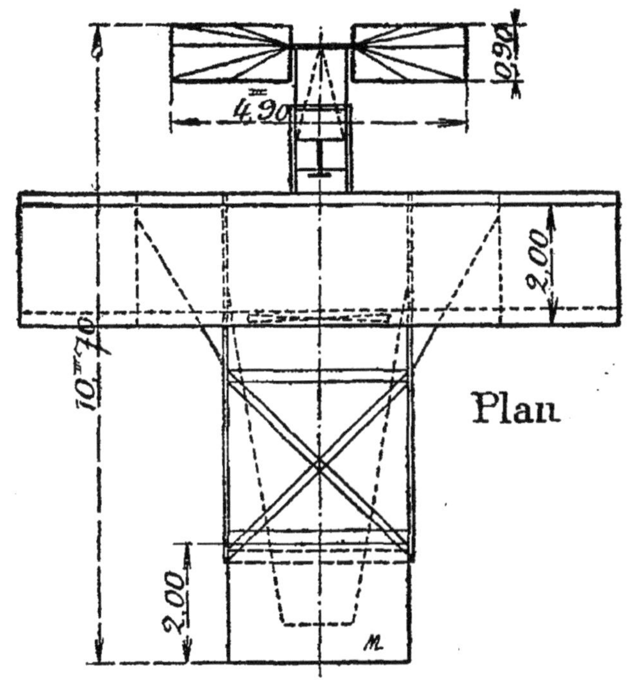

Elévation.

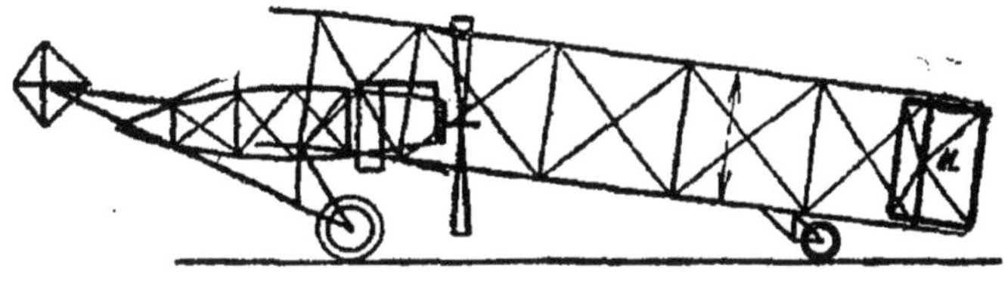

L'aéroplane H. Farman.

Un démultiplicateur donnera 800 tours à l'hélice, laquelle sera vraisemblablement du type « Intégrale » établi par l'habile constructeur Chauvière, et mesurant 2 m. 50 de diamètre et aussi 2 m. 50 de pas. Elle sera placée immédiatement à l'arrière des surfaces portantes principales, dont l'arête postérieure est échancrée dans ce but.

La *nacelle* est composée d'un corps fuselé de section quadrangulaire, supporté par un châssis monté sur roues. L'amortissement est réalisé par de puissants ressorts.

Le poids global approximatif atteint 450 ou 528 kilogrammes, suivant le moteur adopté.

Les premiers essais commencés à Buc, en février 1909, avec le moteur Renault, ont fourni des vols de 300 mètres à 6 et 8 mètres de hauteur, que de plus récentes expériences (26 avril 1909) ont permis de répéter avec aisance.

L'AÉROPLANE HENRY FARMAN (1907).

Cet appareil, remarquablement étudié par les frères Voisin, que leur vocation naturelle avait précocement engagés dans la recherche d'un « plus lourd que l'air » est un *bi-plan cloisonné* à *cellule stabilisatrice* et *sustentatrice* arrière comprenant intérieurement le *gouvernail de direction.*

Le premier modèle, celui qui a été expérimenté à Gand et aux États-Unis, comporte deux plans sustentateurs principaux, légèrement concaves, de 10 mètres d'envergure sur 2 mètres de profondeur et 1 m. 50 d'écartement, fournissant une surface d'appui de 40 mètres carrés.

A 4 mètres en arrière, se trouve placée la *cellule stabilisatrice :* elle mesure 2 m. 700 d'envergure, 2 mètres de profondeur et ajoute, de ce fait, un supplément de 12 mètres carrés de surface portante.

Le *gouvernail de direction vertical*, articulé, forme

cloison médiane à l'intérieur de cette cellule caudale.

En avant, à environ 1 m. 50 des voilures principales,

Elévation

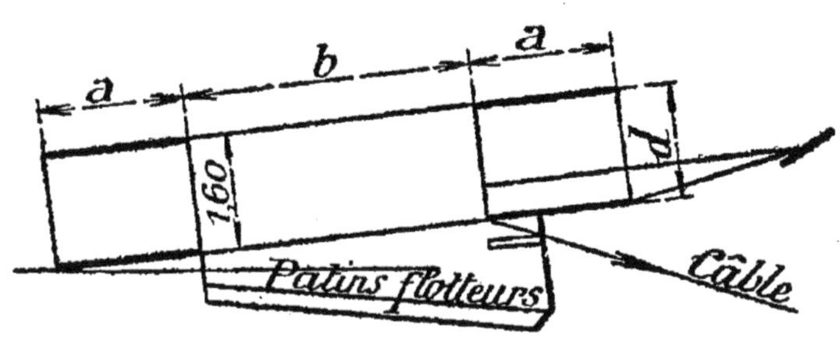

Plan

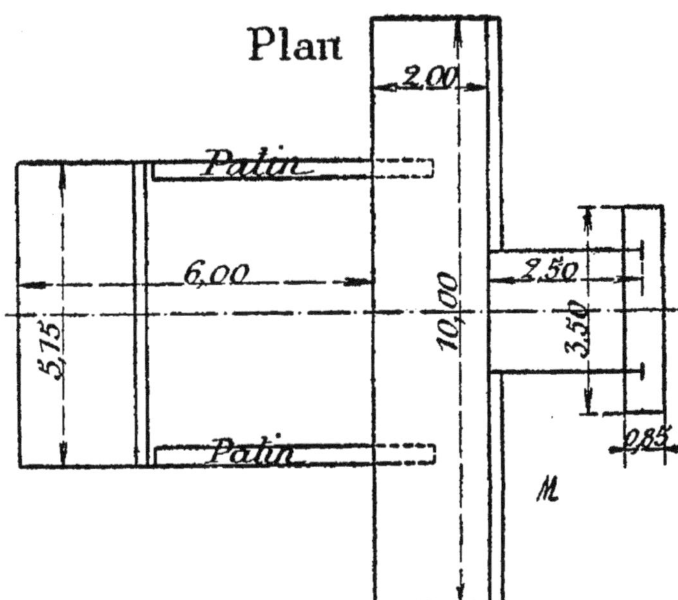

Première conception des frères Voisin (1905).

est disposé le gouvernail d'inclinaison, ou *équilibreur*, composé d'un plan unique de 4 m. 200 d'envergure et 1 mètre de profondeur, mû par une pédale agissant sur un système de leviers articulés.

La *membrure* qui constitue la carcasse des ailes n'est pas noyée dans la voilure, comme le sont un grand nombre de surfaces alaires récentes. Elle n'est susceptible d'aucun gauchissement, ne porte aucun aileron et la stabilité latérale ne résulte que des cellules des cloisonnements et de l'envergure.

La *propulsion* est assurée par une hélice unique de 2 m. 30 de diamètre, 1 m. 40 de pas tournant à 1 100/1 500 tours, placée à l'arrière du corps principal et actionnée directement par un moteur Antoinette de 40 chevaux.

L'appareil complet pèse 530 kilogrammes. Le *fuselage*, recouvert de toile, forme un capot dans lequel prennent place les aviateurs, les approvisionnements, le moto-propulseur et les accessoires divers.

Il est supporté par un châssis en tubes d'acier monté sur deux roues pneumatiques ; deux autres roues placées sous la cellule stabilisatrice arrière facilitent les manœuvres à terre, et bien qu'il n'ait été prévu aucun autre dispositif d'amortissement, les atterrissages multipliés n'ont à aucun moment occasionné d'avaries graves.

Le simple roulement sur le sol, sous l'impulsion de l'hélice, suffit à l'appareil pour prendre son essor.

Cet appareil a été légèrement modifié avant sa campagne du camp de Châlons. Alors qu'il ne comportait entre les voilures principales que deux cloisons normales, les extrémités latérales en étant dépourvues, le nouveau modèle comprend deux cloisons supplémentaires à ces mêmes extrémités de sorte que l'organe sustentateur devient complètement cellulaire. En outre, l'envergure de la cellule caudale a été portée à 6 mètres, dans le but d'en augmenter l'efficacité.

L'*hélice* est maintenant commandée par un moteur

Renault de 90 millimètres d'alésage, 120 millimètres de course, développant 50 chevaux à 1 800 tours. Un

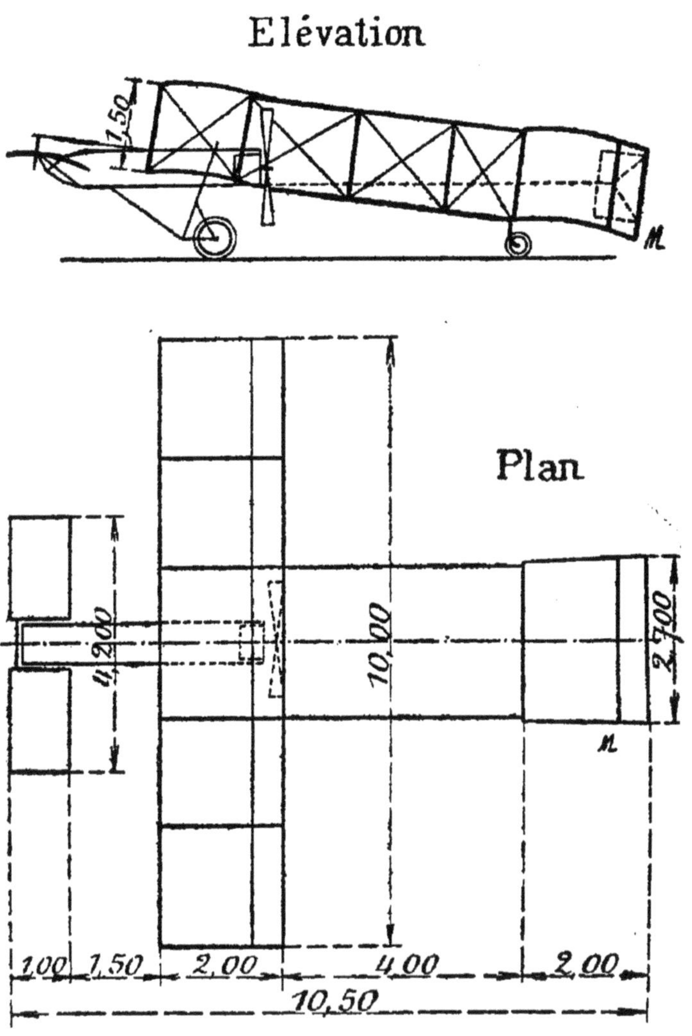

Aéroplane H. Farman.

démultiplicateur, monté dans le carter du moteur, ramène la vitesse aux 1 100 tours nécessités par l'hélice. Le *refroidissement* des cylindres est assuré par un courant d'air passant sur les ailettes dont ils sont pourvus, grâce à l'action de deux ventilateurs à force centrifuge refoulant l'air frais dans un capot entourant lesdites ailettes. Le poids du moteur est de 147 kilogrammes,

L'aéroplane H. Farman.

et sa consommation en essence atteint à peine 28 litres à l'heure.

Maintenant que nous venons de décrire cet appareil, est-il nécessaire de rappeler les performances qui valurent à son pilote d'être le second tenant de la coupe Archdeacon par un vol de 770 mètres, le 26 octobre 1907, puis le gagnant du Grand-Prix du kilomètre fondé par MM. Deutsch-Archdeacon en parcourant 1 200 mètres en 1 m. 28 s., le 13 janvier 1908.

L'AÉROPLANE DE WRIGHT

L'aéroplane de Wright est un *bi-plan non cellulé* muni d'un *gouvernail de profondeur* à l'avant et d'un *gouvernail de direction latérale* à l'arrière.

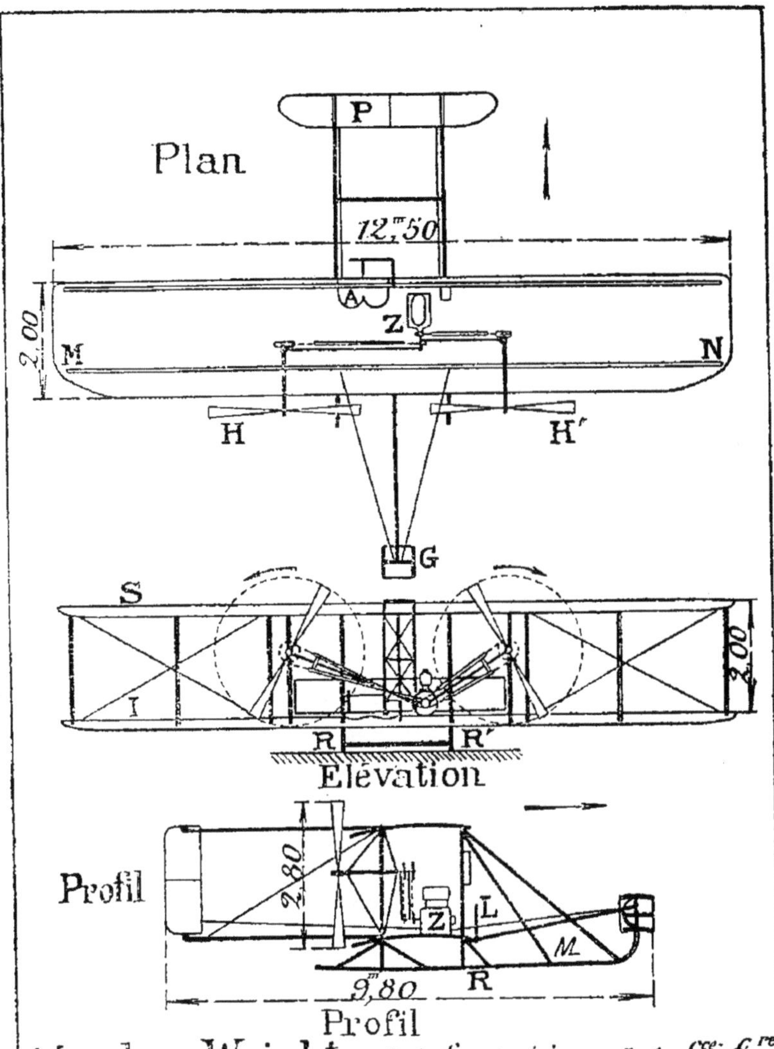

Aéroplane Wright. — S, Surface supérieure. — I, Surf.ce infér.re — P, plans du gouvernail de profondeur. — A, siège de l'aviateur. — G, gouvernail de direct.on latérale. — MN, points sur lesquels s'exerce le gauchissement. — Z, moteur. — HH′, hélices. — RR′, patins. — L, levier de commande du gouvernail de profondeur. —

Il ne comporte aucune surface caudale stabilisatrice, mais les extrémités arrière de la surface portante sont susceptibles d'un gauchissement inverse commandé par le levier placé à la droite de l'aviateur, et c'est tout ce qui assure la stabilité latérale.

Les deux *surfaces portantes principales* ont 12 m. 50 d'envergure et 2 mètres de profondeur. Elles sont composées de trente-quatre nervures courbes réparties sur deux longerons plats en bois avec lesquels elles sont assemblées sans ressaut et, ainsi que nous l'avons dit déjà, ceux-ci sont rapprochés de façon à assurer la flexibilité de la région postérieure de la voilure par un porte à faux convenable.

Les *membrures* sont recouvertes de toiles formant ainsi deux surfaces concaves (flèche de 1/20) rectangulaires à coins arrondis, de forme très pure.

Celles-ci sont réunies par dix-huit *montants* en bois de 1 m. 80 de hauteur dont la plupart ne sont qu'articulés aux longerons alaires, les montants centraux seuls leur étant liés rigidement.

L'ensemble des compartiments ainsi réalisés est entretoisé de fils d'acier sans tendeurs, simplement tournés en anneau à leur extrémité et passés dans les crochets de liaison.

A 0 m. 40 environ de la voilure inférieure sont placés les *patins en bois* courbé sur lesquels reposent tout l'appareil. A l'avant, leur courbure s'accentue de façon à servir de supports au *gouvernail de profondeur*.

Celui-ci est composé de deux surfaces concaves de 4 m. 50 d'envergure et 0 m. 75 de profondeur, distants d'environ 3 mètres des voilures principales.

Entre elles, et verticalement, deux petits *plans demi-circulaires,* qui n'existaient pas tout d'abord, ont

Le mono-plan de L. Blériot en plein vol.

été ajoutés par Wright dans le but de compenser le gouvernail de direction arrière.

Tandis que le levier de gauche commande l'incidence des surfaces horizontales du gouvernail de profondeur, les surfaces demi-circulaires s'orientent d'elles-mêmes

Aéroplane Wilbur Wright.

lors des virages et fournissent un point d'appui au *gouvernail de direction*.

Ce dernier est composé de deux plans verticaux distants de 0 m. 50, placés à 2 m. 50 en arrière et mesurant 1 m. 80 de hauteur sur 0 m. 60 de profondeur, mus par le même levier qui commande déjà le gauchissement des voilures principales.

L'appareil est propulsé par *deux hélices* de 2 m. 60 de diamètre, tournant en sens inverse, à la vitesse de 400 tours par minute.

Elles sont reliées au moteur par deux transmissions par chaînes protégées par des tubes d'acier et dont l'une est croisée pour assurer le changement de sens de rotation désiré. Le *moteur* est un quatre-cylindres de 106 millimètres d'alésage, 102 millimètres de course développant 25 chevaux à 1 400 tours et pesant complet 90 kilogrammes.

L'*allumage* est assuré par une magnéto, et le *refroidissement*, par une circulation d'eau.

Il n'y a pas de carburateur, l'alimentation du moteur en combustible s'effectuant par injection directe.

L'emplacement de l'aviateur est choisi, par rapport au plan médian de l'appareil, de l'autre côté du moteur afin que celui-ci fasse exactement équilibre au pilote. D'ailleurs, pour que l'équilibre ne soit pas troublé lorsque l'aviateur prend à son bord un passager supplémentaire, celui-ci est installé sur un siège placé dans le plan de symétrie longitudinal.

L'appareil complet, y compris son pilote, pèse 470 kilogrammes, et sa surface portante est de 55 mètres carrés. La longueur totale est d'un peu plus de 9 mètres.

Ainsi que nous l'avons dit, le levier de gauche est susceptible d'un mouvement d'avant en arrière et commande le gouvernail de profondeur ; le levier de droite commande le gouvernail de direction et le gauchissement des surfaces portantes principales.

Dans cette dernière éventualité, la rotation du levier vers la gauche relève les coins de gauche et abaisse les coins de droite et vice-versa. Ce sera la manœuvre à exécuter lorsqu'accidentellement l'appareil penchera vers la droite, car les réactions de l'air sur les coins mobiles seront alors telles qu'elles tendront à rétablir l'équilibre.

Cependant, la différence des pressions qui s'exercent à droite et à gauche de la voilure serait susceptible de donner à l'appareil un mouvement circulaire nuisible : c'est pourquoi le levier de commande du gauchissement attaque à la fois le gouvernail de direction de façon à obtenir une rotation inverse à celle ainsi produite.

Ainsi la manœuvre du levier de droite suffit à réaliser les deux opérations par la combinaison ingénieuse des deux commandes.

Les *virages* sont amorcés par une manœuvre analogue à celle nécessaire au redressement de l'aéroplane, mais par une orientation convenable du levier on supprime l'effet réactif du gouvernail arrière.

L'*atterrissage* s'effectue simplement en coupant le circuit d'allumage du moteur ; l'appareil réalise alors une glissade que l'aviateur dirige à son gré. Lorsqu'il arrive près de terre, celui-ci tire à fond le levier gauche afin de réduire la vitesse, les patins reposent en glissant sur le sol et l'aéroplane s'arrête avec la plus grande douceur.

Bien que Wright ait réussi à s'élever par ses propres moyens en glissant sur un rail, l'appareil nécessite normalement un engin spécial pour le lancement.

Cet engin est composé d'un pylône en bois au haut duquel est hissée une masse pesant environ 500 kilogrammes et qui, par l'intermédiaire de renvois de poulies et d'une corde, tend à tirer sur un rail l'aéroplane loin du pylône.

Au départ, le moteur étant mis en marche par la simple rotation à la main des hélices et l'aviateur occupant son poste, la liaison qui immobilise le véhicule sur son rail est rompue, l'aéroplane glisse et après un parcours d'une dizaine de mètres, il a acquis la vitesse suffisante à son essor.

La construction d'ensemble de l'aéroplane de Wright

est fruste et comprend de nombreux expédients de fabrication.

Seules les hélices et les surfaces de travail ont été l'objet de soins minutieux dans l'exécution aussi bien que dans l'étude ; ces qualités précieuses se vérifient par la faible puissance du moteur employé qui n'est, ainsi que nous l'avons indiqué, que de 25 chevaux au lieu de 50 chevaux nécessaires aux aéroplanes français.

On a prétendu que cette différence résultait de la suppression du travail de démarrage du même poids tout entier fourni par la chute du poids de la hauteur du pylône. Nous ne le pensons pas, étant donné le supplément d'énergie disponible dont le moteur a fait preuve en enlevant notamment M. Bollée dont le poids dépasse 120 kilogrammes.

Il est à supposer que le pylône a pour principal but d'accélérer l'essor, et c'est là un procédé qui, pour exceptionnel qu'il soit actuellement, se généralisera sans doute avec les véhicules aériens de l'avenir.

Nul n'ignore maintenant les magnifiques performances qui ont couronné la triomphale série d'expériences publiques que Wright a données en France et dont le retentissement a été universel.

Nous rappellerons seulement la mémorable journée du 31 décembre 1908 durant laquelle Wright s'attribua au camp d'Auvours la coupe Michelin 1908 par un vol mécanique de 2 h. 18 m. 33 s. 3/5, parcourant officiellement 123 km. 600 de poteau à poteau.

Ajoutons que, dans la même expérience, il porta à 124 km. 700 en 2 h. 20 m. 23 s. 1/5 les records du monde de distance et de durée qu'il détenait déjà [1].

---

1. Voir Conclusions : « L'Aviation en 1908 ».

COMPARAISON DES AÉROPLANES FRANÇAIS ET DU FLYER DE WRIGHT

Le flyer de *Wright* se différencie des aéroplanes français du type bi-plan et en particulier du *Farman* par :

Le procédé de lancement;

Les dispositifs de stabilisation;

La partie propulso-motrice.

En ce qui concerne la première différence, nous croyons pouvoir dire, sans crainte de contestation, qu'elle est tout à l'avantage des constructeurs français qui ont su éviter un engin spécial de lancement et augmenter ainsi les qualités d'adaptation de leurs appareils.

Peut-être, ainsi que nous le disions récemment, l'avenir de la locomotion aérienne qui nous occupe, justifiera-t-il l'anticipation qui en est actuellement donnée par Wright; en tout cas, il est hors de doute qu'elle limite momentanément son application par la situation embarrassante dans laquelle se trouverait le pilote obligé d'atterrir loin de son pylône de lancement. Que devient, en effet, l'aéroplane de Wright réduit subitement à rejoindre le sol au hasard du moindre accident, tel Blériot lors de son voyage aérien de Toury à Arthenay?

Il devra donc, pour acquérir toute sa valeur pratique, comporter, à l'imitation des appareils français, un châssis muni de roues qui lui assurera l'essor autonome : cette adjonction sera d'autant plus aisée que, comme nous l'avons fait remarquer, la puissance de son moteur le lui permet sans autres modifications.

La seconde différence concerne les dispositifs de

stabilisation : l'empennage et les cloisonnements que l'on rencontre dans la plupart des appareils français et dont l'appareil de Wright est complètement dépourvu.

L'empennage est né de l'utilité d'une stabilité longitudinale aussi automatique que possible. Wright, à cet égard, prétend que cette adjonction, légitime dans une atmosphère calme et régulière, devient nuisible dès que l'air est agité par des tourbillons qui peuvent provoquer des réactions différentes sur les deux corps cellulaires, en raison de la distance notable qui sépare ceux-ci.

L'avis émis par le célèbre aviateur n'en reste pas moins discutable, et s'il a démontré péremptoirement que le vol mécanique n'exige pas d'empennages, encore faut-il remarquer le soin avec lequel il attend la chute du jour, c'est-à-dire le moment de la journée où l'atmosphère est le plus calme pour se livrer à ses principales expériences.

D'ailleurs, le fait que l'appareil de Farman a pu subir sans incidents certaines atmosphères agitées prouve l'impossibilité où l'on est actuellement de prendre parti pour l'une ou l'autre thèse : une longue série d'expériences résoudra seule la question par des conclusions définitives.

Le cloisonnement a pour but d'améliorer la stabilité transversale. Toutefois, lorsqu'il est multiplié à l'excès ou dès que les cloisons sont disposées à des distances notables les unes des autres, ce dispositif présente l'inconvénient de s'opposer aux virages de faible amplitude par la résistance à la rotation des plans normaux.

A ce sujet, il convient de faire l'éloge de l'appareil de Wright qui, par le gauchissement postérieur des ailes, assure beaucoup plus efficacement l'équilibre transversal. Il est à prévoir d'ailleurs que ce perfectionnement déjà mis en application par différents aviateurs français se généralisera dans la plupart des aéroplanes futurs.

Restent à examiner les variantes relatives à la partie moto-propulsive. Il y a lieu, tout d'abord, de remarquer, à la faveur des constructeurs français, l'adoption quasi générale de capots nacelles fusiformes, revêtus de surfaces lisses et fuyantes indispensables à la moindre résistance à la pénétration malgré la légère augmentation de poids qui peut en résulter. D'ailleurs, si l'aviateur voit moins bien le terrain sous-jacent, par contre, il est placé dans des conditions de sécurité et de confortabilité sensiblement meilleures.

En ce qui concerne le système moto-propulseur proprement dit, hormis la question du moteur, les hélices diffèrent par le nombre et par la vitesse. Les Wright emploient deux hélices tournant en sens inverse et cette disposition est singulièrement critiquable pour le cas où l'une d'elles vient à s'arrêter accidentellement comme cela s'est présenté en Amérique lors de la chute dramatique dont Orville Wright et Franck Lahm furent victimes et comme cela faillit arriver à Wilbur Wright pilotant le capitaine Lucas Girarville, le 18 novembre 1908.

Quant à la vitesse de rotation des propulseurs, les aviateurs américains se sont décidés en faveur des hélices de grand diamètre à faible vitesse, avec lesquelles ils escomptent un rendement supérieur aux hélices françaises de petit rayon et d'allure rapide. Nous nous sommes déjà exprimés sur ce point.

Enfin, la puissance des appareils français est sensiblement plus élevée (40 à 50 chevaux) que celle du flyer américain (25 chevaux). Il y a là, sans doute, un excès difficile à justifier si ce n'est par l'imperfection relative de la qualité des surfaces sustentatrices et des hélices.

D'ailleurs, il semble que nos constructeurs aient trop sacrifié à l'allègement, qui devient, ainsi que nous l'avons démontré antérieurement, parfaitement illusoire à partir d'une limite facile à estimer. Il en est résulté des causes multiples d'incidents qui sont en réalité les raisons efficientes de l'infériorité momentanée de nos champions français devant les records de durée établis par l'aviateur américain.

LE TRI-PLAN DE L'ÉTABLISSEMENT D'AÉROSTATION MILITAIRE DE CHALAIS-MEUDON

Bien avant que la phalange d'aviateurs contemporains ait donné au « plus lourd que l'air » l'impulsion que l'on sait, le Ministère de la Guerre, comprenant l'intérêt que présentait le problème au point de vue militaire[1], avait favorisé les recherches dans ce sens en affectant certains crédits aux études dignes de réalisation.

C'est ainsi qu'en 1907 le capitaine du génie Dorand, bien connu déjà pour ses expériences de photographie par cerfs-volants, obtint les fonds nécessaires à l'exécution d'un petit modèle d'essai de son invention, actionné par un moteur de 3 chevaux et expérimenté au laboratoire de Chalais-Meudon.

Les résultats obtenus ayant été satisfaisants, il fut résolu de construire, au début de l'année 1908, un

1. Voir Conclusions : « L'Aviation au point de vue militaire ».

appareil définitif qui, après une mise au point rapide, fournit un vol de 60 mètres en dépit de conditions climatériques très défavorables.

L'appareil du capitaine Dorand se distingue des précédents par la *nacelle*, qui est, avec son équipement propulseur complet, entièrement distincte des *surfaces*

Le tri-plan du capitaine Dorand.

portantes auxquelles elle est réunie par un organe de liaison déformable et élastique.

Elles sont au nombre de trois, concaves, superposées, légèrement en retrait les unes par rapport aux autres et fixées à une poutre triangulaire entoilée latéralement à l'avant et à l'arrière.

L'effet de cet entoilage latéral est de réaliser deux *cellules stabilisatrices* à section triangulaire s'opposant au renversement transversal.

L'organe de liaison se compose de deux quadrilatères articulés dont les diagonales sont pourvues de ressorts.

Le matériel *moto-propulseur* est logé dans un chariot oscillant, supporté par deux roues qui lui sont reliées élastiquement à l'aide de nouveaux ressorts. Enfin, le siège de l'aviateur est une sorte d'escarpolette fixée aux haubans d'entretoisement.

La voilure inférieure porte un essieu aux extrémités duquel sont disposées deux roues qui, avec les premières, assurent la translation de l'ensemble sur le sol.

Un *gouvernail de direction*, placé à l'arrière, amorce les virages, et les évolutions en hauteur sont obtenues en faisant varier l'inclinaison de l'axe du propulseur placé à l'avant.

Celui-ci est composé d'une hélice unique du type Renard, en bois recouvert de toile, de 2 m. 70 de diamètre absorbant 40 chevaux à 600 tours et à pas variable, de façon à être augmenté à mesure que croît l'allure de translation. On maintient ainsi la vitesse de rotation constante et l'on utilise de la sorte, à tout instant, la pleine puissance du moteur.

Le moteur est de construction Anzani, à trois cylindres en éventail de 135 millimètres d'alésage, 150 millimètres de course tournant à 1 200 tours.

L'aéroplane complet pèse 520 kilogrammes, y compris l'aviateur; d'après les prévisions, son allure doit atteindre 40 kilomètres avec les trois voilures et 50 kilomètres après suppression de la voilure inférieure.

Grâce à l'interposition des diagonales élastiques dont nous avons parlé, il est capable de modifier son angle d'attaque, sous l'influence d'actions perturbatrices étrangères et, par suite, assurer sa *stabilité longitudinale*.

En ce qui concerne la *stabilité transversale*, il semble

qu'elle doive être compromise par la présence des cellules en V attaquées par vent de côté. Le capitaine Dorand affirme, cependant, que la stabilité de son appareil ne s'est jamais montrée défectueuse dans aucune des expériences réalisées depuis deux ans, par des vents obliques atteignant jusqu'à 15 mètres par seconde.

Les prochains essais qui seront pratiqués sur cet aéroplane, au camp de Satory, montreront le bien-fondé de cette disposition.

CHAPITRE CINQUIÈME

Comment évolue un aéroplane

Quelques points de comparaison entre l'aéroplane et les véhicules maritimes ou terrestres

AVANT d'entreprendre l'examen des diverses manœuvres propres à réaliser l'évolution d'un aéroplane dans l'atmosphère, nous envisagerons quelques-uns des caractères les plus curieux qui différencient, de ses aînés aquatiques ou terrestres, ce dernier venu dans l'histoire des transports.

Le premier, le plus intéressant critère industriel doit être d'ordre économique : c'est donc par celui-ci que nous commencerons. Or, dans la diversité des engins de transport, un facteur se présente, susceptible de nous renseigner sur la perfection des appareils examinés aussi bien que sur leur valeur économique; c'est l'effort tracteur horizontal nécessaire à propulser 1 kilogramme de poids mort, autrement dit le *coût* en kilogramme d'effort, du déplacement de 1 kilogramme de chargement. Si, prenant en considération les véhicules-types, on applique à chacun d'eux les calculs nécessaires à l'obtention de ce coefficient économique, le tableau auquel on arrive est le suivant :

	Véhicules-types.	Effort nécessaire à la traction d'un poids mort de 100 kg.
	—	—
		Kg.
Terre.	Voitures automobiles munies de jantes en fer (sur pavés de bois). . .	2,2
	Voitures automobiles munies de jantes en fer (sur macadam).	3,3
	Voitures automobiles munies de caoutchoucs pleins	3,0
	Voitures automobiles munies de caoutchoucs pneumatiques . . .	2,0
	Trains de chemins de fer dans les conditions ordinaires	1,0
	Trains de chemins de fer à faible vitesse.	0,25
Eau.	Navires marchands océaniques :	
	Lignes atlantiques.	0,7
	Cargo-boat (12 nœuds).	0,25
	— (8 nœuds).	0,10
Air (d'après Lanchester).	Bi-plan de Wright.	12
	— de Voisin	13,5

Il est aisé de déduire, par l'examen de ces approximations, combien l'Aviation, dans son état de perfection actuel, fournit un moyen de locomotion onéreux, gaspilleur d'énergie, économiquement inférieur à ses aînés. Par contre, le transport par eau se révèle manifestement comme le procédé le moins coûteux qui soit donné à l'homme pour assurer ses échanges.

Cependant, il est une autre différence, d'ordre mécanique, tout à fait particulière à l'aéroplane, c'est le danger consécutif à un excès de puissance motrice.

Tandis que, pour les véhicules maritimes ou terrestres, cet excès de puissance se traduit par une augmentation de vitesse, d'ailleurs rapidement limitée par l'accroissement consécutif des résistances passives, pour l'aéroplane celle-ci amplifie la force portante et crée une résultante ascensionnelle qui élèvera l'appareil d'autant plus rapidement que l'excès de puissance mis en jeu est plus considérable.

Lorsque cet excès est faible, l'ascension est lente et

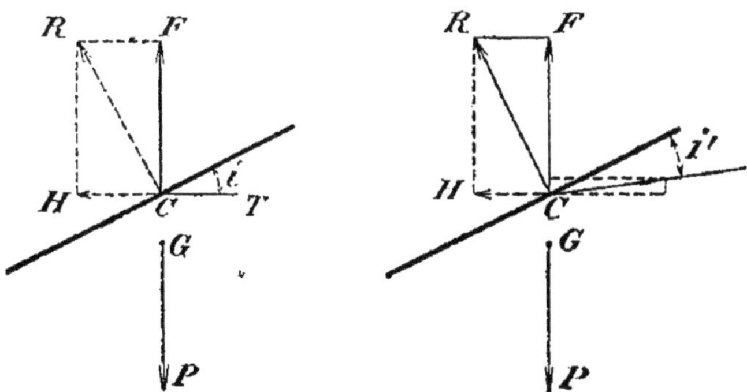

Effet d'une ascension rapide.

l'inconvénient négligeable, mais s'il est assez important pour produire une trajectoire ascendante notablement inclinée sur l'horizontale, le vent relatif n'attaque plus la voilure que sous un angle d'incidence réduit, et la force sustentatrice ainsi diminuée peut devenir insuffisante à équilibrer le poids mort : c'est alors la chute à pic avec toutes ses conséquences.

Cette circonstance constitue l'accident classique auquel doit s'attendre tout aviateur qui espère hâter le succès de ses expériences par l'emploi d'un moteur « trop large ».

Néanmoins, ce serait interpréter faussement les considérations qui précèdent que d'en déduire la nécessité d'un moteur strictement calculé pour la puissance de régime, sans prévoir une « ressource » que certaines circonstances particulières du vol rendent indispensable ; mais il convient que cet excès soit rationnellement limité et qu'à défaut d'hélices à pas variable ou de voilures développables, un organe d'asservissement, tel que le *gouvernail de profondeur*, dont nous verrons bientôt le fonctionnement, permette de corriger la trajectoire si les conditions de sécurité l'exigent, d'après les indications d'un appareil réalisant mathématiquement une verticale matérielle invariable.

D'ailleurs, hormis ces causes susceptibles de provoquer des inclinaisons longitudinales dangereuses, l'aéroplane sera soumis, dans la pratique, à des vents dont la direction et la vitesse varieront en chaque point de la trajectoire, exigeant, pour le moins, de la part du pilote, une précision et une rapidité de manœuvre difficiles à atteindre. Jusqu'ici, les difficultés de cette nature ont été adroitement éliminées par le choix d'un temps calme, propre à faciliter le succès des expériences entreprises : c'est ainsi que W. Wright adopte de préférence les heures particulièrement sereines du crépuscule.

On conçoit cependant que le succès de ce mode de transport soit subordonné à la régularité du service qu'il devra assurer et, alors, une nouvelle question se pose : d'estimer les chances de vents maniables qui, à défaut d'un pourcentage suffisant, condamneraient d'avance toute tentative d'exploitation basée sur ces procédés.

A cet égard, voici quelques passages empruntés à une

conférence de M. Soreau [1], et donnant quelques renseignements scientifiques importants sur les lois qu'il est possible d'extraire des perturbations aériennes :

« Onze mille heures d'observations anémométriques, faites à 28 mètres au-dessus du plateau de Châtillon, ont permis au colonel Renard de dresser un tableau de probabilité de la vitesse du vent dans nos régions. En voici un extrait en chiffres ronds :

Vitesse du vent en mètres par seconde.	Probabilité d'avoir un vent inférieur à la vitesse donnée.
2 m. 50	10 p. 100
5 m. 00	32 —
7 m. 00	50 —
10 m. 00	70 —
20 m. 00	96 —
30 m. 00	99,5 —

« On voit qu'il y a cinquante chances sur cent pour que la vitesse du vent soit inférieure à 7 mètres à la seconde. Ce résultat concorde assez bien avec les observations de M. Angot au sommet de la Tour Eiffel...

. . . .

« Les courants ne sont pas réguliers. Non seulement l'atmosphère est sillonnée par des courants de vitesses et de directions différentes, — comme on peut le voir rien qu'en regardant les nuages, — mais encore, dans un courant déterminé, la vitesse et la direction sont soumises à des variations perpétuelles qui oscillent autour de la vitesse et de la direction générales.

---

1. Compte rendu de la vingt-neuvième session de l'Association française pour l'avancement des Sciences.

« Les vents un peu forts sont toujours accompagnés de rafales, mais il s'en produit aussi alors que l'air semble tout à fait calme, et c'est ce qui explique le continuel flottement des drapeaux. »

Et en ce qui concerne les variations de la vitesse du vent près du sol : « Assurément elles sont plus considérables dans les bas-fonds que dans les surfaces élevées, et même, près de terre, en raison de la divergence des obstacles, elles sont extrêmement confuses : mais elles existent aussi à d'assez grandes hauteurs, soit qu'elles proviennent de la répercussion des troubles de l'air près du sol, soit qu'elles résultent de la mobilité des nombreuses causes thermiques qui engendrent le vent.

« Elles prennent alors un rythme plus régulier, et forment en quelque sorte d'invisibles vagues aériennes. »

A Paris, l'anémomètre posté au sommet de la Tour Eiffel a fourni les indications suivantes :

Par 101 jours d'été, la vitesse moyenne du vent est de 7 mètres à la seconde. Les résultats de 2 516 heures d'observations relevées pendant cette même période ont été les suivants :

Vents inférieurs à 8 mètres à la seconde, 1 007 heures.

Vents supérieurs à 8 mètres à la seconde, 2 516 heures, dont 986 heures à des vitesses inférieures à 10 mètres.

On voit clairement qu'à 300 mètres d'altitude, il existe déjà une régularité suffisante pour être rapprochée de celle observée sur les hautes montagnes.

L'ensemble de ces indications météorologiques montre l'intérêt, pour les aviateurs, des altitudes auxquelles les vagues aériennes possèdent déjà un rythme uniforme, non perturbé par les obstacles environnants. Cependant, en aucun cas, le pilote ne devra perdre de vue le sol dont les cimes constitueront les uniques repères, grâce auxquels il pourra reconnaître sa route.

Mais il est encore des courants aériens non moins pernicieux : ce sont ceux qui, trop obliques sur l'horizontale, obligeront l'aviateur à monter ou à descendre, malgré l'insécurité momentanée qui peut en résulter.

D'ailleurs, sans envisager cette éventualité dans ses conséquences extrêmes, on imagine assez qu'elle produira une trajectoire zigzaguée en même temps qu'un allongement de la route désavantageux. Il deviendra donc rapidemnent nécessaire, dès que ce mode de locomotion sera généralisé, de jalonner les routes aériennes de ballons-sondes, indiquant aux pilotes les points rendus difficiles ou dangereux par des vents non maniables qu'ils devront éviter pour maintenir leur altitude à peu près constante.

Ces particularités rappelées, nous admettrons dans ce qui va suivre, l'existence d'une atmosphère calme non troublée.

I. — Marche horizontale à la vitesse de régime dans l'air calme

Dire qu'un aéroplane marche horizontalement à sa vitesse de régime, c'est dire que toutes les forces, tant actives que passives qui s'exercent sur lui, se font équilibre. Or, quelles sont ces forces ?

1° *La réaction normale* résultant de l'inclinaison des plans porteurs principaux et remplaçable par ses deux composantes verticale F et horizontale H appliquées au centre de poussée C ;

2° *Le poids total* de l'appareil, appliqué au centre de gravité G ;

3° *L'effort propulseur* dirigé suivant l'arbre de l'hélice;

4° *La résistance à la pénétration* que nous supposerons dirigée suivant le même axe.

Il suffit donc, pour définir les conditions d'équilibre (en négligeant, à l'exemple du colonel Renard, le moment des forces par rapport au centre de gravité),

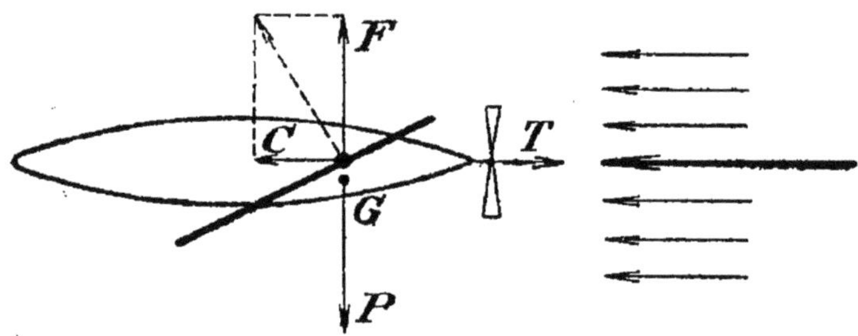

Les forces excercées sur un aéroplane.

d'exprimer que la somme des efforts passifs horizontaux — soient : la composante H et la résistance à l'avancement — est égale et opposée à l'action propulsive de l'hélice et que la composante de sustentation F est égale et opposée au poids mort total de l'appareil y compris son chargement.

Si, à égalité de vitesse et de puissance massique du moteur, on incline différemment la voilure principale de l'aéroplane, la réaction normale et, par suite, l'effort F augmentent avec l'incidence; mais la composante H qui détermine la puissance du moteur et, par suite, le poids de ce dernier augmentant également, il en résulte que, parmi toutes les incidences possibles, il en est une pour laquelle le chargement ou *poids utile* transporté est *maximum*.

On verrait, par un raisonnement analogue appliqué à d'autres éléments constitutifs variables que, pour une valeur optime de l'angle d'attaque, il est possible de déterminer une *surface* de voilure ou une *puissance motrice minima* capable de soulever tel chargement fixé au préalable.

Nous avons publié récemment[1] les résultats de nombreux calculs sur ces cas particuliers, où le lecteur, que semblables spéculations pourraient intéresser, trouvera des exemples curieux de leur application.

C'est ainsi que, dans l'hypothèse, pratiquement défavorable mais plus aisément accessible aux calculs, d'un aéroplane à voilure plane et carrée, il est possible de transporter, à l'aide d'un moteur de 220 chevaux pesant 6 kilogrammes par cheval :

Soit un chargement de 3 290 kilogrammes à la vitesse de 70 mètres par seconde, sous un angle d'attaque de 1°28 et une surface portante de 460 mètres carrés.

Soit un chargement de 500 kilogrammes à la même vitesse de 70 mètres par seconde, sous un angle d'attaque de 5°8 et une surface portante de 37 m² 60.

Et, par conséquent, de réaliser toutes les solutions intermédiaires.

Ces résultats sont fort suggestifs pour être bien inférieurs à ceux qu'il est possible d'obtenir par le jeu de la concavité et de l'allongement. Néanmoins, nous devons nous empresser d'ajouter qu'ils ne valent que par les présomptions qu'ils inspirent et que leurs expressions numériques ne sont que des indications purement qualitatives.

---

1. *L'Industrie moderne*, février-mars 1909.

II. — Comment augmenter ou diminuer l'allure

Un moyen théoriquement simple de modifier la vitesse, mais que ses complications mécaniques rendent pratiquement difficile, résulterait de la modification de l'aire de la voilure principale : celle-ci étant réductible ou extensible en marche comme au repos.

En effet, toute augmentation de la surface peut diminuer consécutivement la vitesse sans altérer l'équilibre, comme il apparaît à l'examen des différents facteurs qui composent F.

De même, l'augmentation de vitesse deviendrait consécutive à la réduction des surfaces portantes.

Dans l'un et l'autre cas, la puissance motrice varierait puisque la résistance à la pénétration est fonction de la vitesse.

Actuellement, les changements d'allure sont obtenus

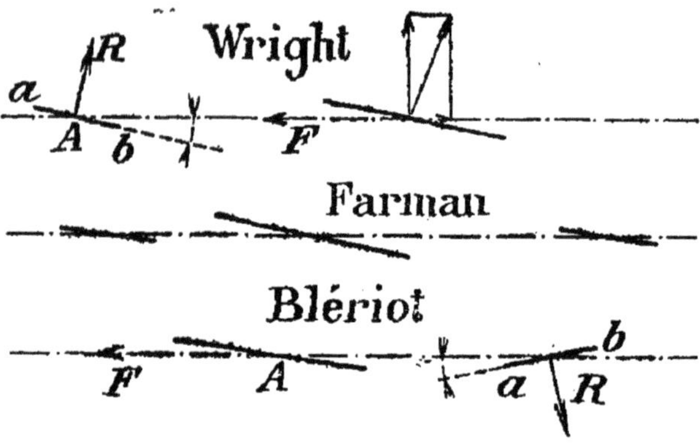

Position des organes de stabilisation.

par modification de l'angle d'attaque, car plus celui-ci est ouvert, plus l'allure est lente; au contraire, plus il est faible, plus la vitesse est élevée. Ceci résulte encore de la simple observation des facteurs efficients de la réaction F.

Pratiquement, ce changement d'orientation de la voilure pourra être réalisé soit par la mobilité de celle-ci dans toutes ses parties, soit plutôt par la mobilité autour d'un axe horizontal d'une surface de plus petite dimension placée à l'avant (Wright) ou à l'arrière (Blériot) de la voilure principale fixe.

Cette dernière surface a reçu le nom de *gouvernail de profondeur* ou *d'équilibreur*.

Elle est commandée par levier ou par volant et son invention revient aux frères Wright qui durent y recourir dès le début de leurs essais en Amérique.

Le gouvernail de profondeur sert à de multiples buts. Son principe est le suivant : dès que l'aviateur juge nécessaire de diminuer la vitesse, il actionne le levier de commande de l'équilibreur de façon à orienter celui-ci dans la position de la figure, sa surface est alors frappée par le fluide et fournit une réaction normale ascendante r dont la composante verticale f provoque un *couple de redressement* dans le sens de la flèche et cabre l'aéroplane en augmentant l'angle d'attaque. Ce dernier sera d'ailleurs augmenté d'autant plus que la composante f sera plus notable, de sorte que, par l'orientation qu'il donne à l'équilibreur, le pilote est entièrement maître de l'inclinaison et, par suite, de la vitesse de son appareil. (V. fig. ci-après)

Néanmoins, les limites entre lesquelles il est possible de faire varier l'incidence sont assez rapprochées pour ne pas permettre de larges modifications d'allures dont la réalisation serait cependant si désirable.

La manœuvre que nous venons d'exposer a pour conséquence de perturber la composante H et, par suite, de changer la valeur de puissance motrice nécessaire.

Si celle-ci est en excès, l'aéroplane suivra une trajectoire *ascendante* d'autant plus inclinée sur l'horizontale que l'excès sera plus considérable et inversement, si la puissance motrice est réduite et l'équilibreur symétriquement incliné. C'est actuellement le procédé classique de *montée* et de *descente*, avec ou sans changement d'allure.

On comprend aussi bien que ce couple de redressement puisse être utilisé à rétablir l'équilibre de l'aéroplane lorsque celui-ci tend à basculer ou « piquer du nez » sous l'effet d'une impulsion étrangère.

Ainsi le gouvernail de profondeur est une solution efficace et ingénieuse du permanent problème posé à l'aviateur : *la variation de l'angle d'attaque*, quelles qu'en soient les raisons déterminantes : les changements d'allure, la montée ou la descente, le déséquilibre longitudinal.

Deux appareils accessoires sont cependant indispensables au contrôle efficace de ces diverses manœuvres : un appareil *indicateur de vent relatif*, sorte d'anémomètre indicateur, qui fournira l'allure à chaque instant, et un *pendule* réalisant une verticale matérielle quel que soit l'état de mouvement de l'aéroplane.

Toutefois, les modifications d'allure entraînent encore l'adjonction d'un organe non moins essentiel à la stabilité : c'est *l'empennage horizontal.*

En effet, l'augmentation de vitesse, par exemple, résultera de l'application, suivant l'arbre de l'hélice, d'une force accélératrice dont l'effet, en raison de l'inertie de l'ensemble, sera de provoquer un couple de renversement ayant tendance à faire tourner l'appareil vers l'avant, autour du centre de gravité. Il convient donc de neutraliser l'effet perturbateur de ce couple, et c'est précisément la fonction de l'empennage arrière d'engendrer, dès qu'apparaît le renversement, un second couple *inverse* du précédent et limitant le déplacement angulaire. Cet *empennage* sera constitué par un plan rigide fixé à l'arrière, le plus loin possible du centre de gravité, afin

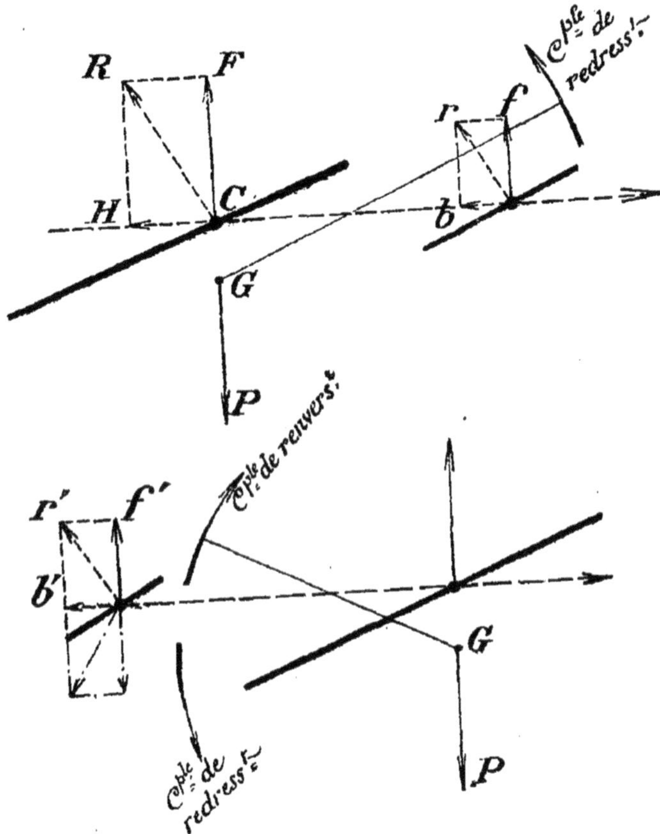

Fonctionnement du gouvernail de profondeur.
Fonctionnement de l'empennage horizontal.

de fournir une efficacité suffisante sous un encombrement réduit : de là l'utilité des grands empattements préconisés par quelques auteurs.

Certains constructeurs réunissent le gouvernail de profondeur et l'empennage en un organe unique (R. E. P.). Néanmoins, il nous semble préférable d'avoir deux appareils distincts pour chacune de ces fonctions.

L'appareil de Wright est complètement dénué d'empennage et les corrections nécessaires au rétablissement de l'équilibre sont toutes obtenues par le jeu de l'équilibreur.

D'ailleurs, parmi les représentants de l'espèce volatile, les *insectes* ne portent aucun empennage ; les *oiseaux moyens* possèdent une queue peu étendue et rapprochée du corps, par suite faiblement efficace, et c'est bien ce qui leur permet de réaliser des trajectoires aussi capricieuses. Par contre, les *gros oiseaux*, tels que l'aigle ou le vautour, sont pourvus d'un empennage puissant, assurant la fixité de leur vol, et ces qualités distinctes suffisent à expliquer les procédés de chasse particuliers à chacun d'eux. Ainsi, d'après M. Soreau [1] « l'hirondelle, à qui un certain empennage est nécessaire pour les grandes migrations, serait, par contre, gênée par la fixité de la trajectoire dans sa chasse incessante aux insectes ; elle s'y soustrait, par la fantaisie de ses battements d'ailes qui tantôt s'arrêtent brusquement pour lui permettre de piquer dans une direction nouvelle, tantôt sont extrêmement rapides et parfois différents pour chaque aile : j'ai pu même observer deux ou trois battements d'une aile en sorte de moulinets alors que l'autre était presque immobile ; pour se reposer de pareilles manœuvres, l'hirondelle coupe fréquemment son vol ramé par des glissades de vol plané. Au contraire, les grands rapaces, dont le majestueux appareil alaire ne se prête pas à de tels jeux, utilisent dans leurs chasses leur masse importante, en fondant sur leur proie ; s'ils

1. Conférences faites à la Société des ingénieurs civils de France (*Bulletin*, juillet 1908).

la manquent, ils transforment brusquement la puissance vive considérable ainsi développée en un mouvement ascensionnel rapide, pour lier leur victime par-dessous. »

III. — **Le changement de direction et les virages**

Voyons maintenant comment l'appareil évoluera dans le plan horizontal, autrement dit par quelles manœuvres et quels organes il parviendra à se diriger vers la droite ou vers la gauche, pendant sa marche de régime à vitesse horizontale uniforme.

Naturellement, à l'exception du poids mort P et de l'effet F, aucune force verticale ne doit être mise en jeu. Toutefois, étant donnée la nécessité d'engendrer une action mécanique normale à la trajectoire pour réaliser l'inflexion de celle-ci, il semble naturel d'ajouter à l'appareillage, un *gouvernail à axe vertical*, semblable aux gouvernails marins qui fournira dans ses positions obliques l'effort normal cherché.

Cependant, en raison des différences considérables qui distinguent les effets massiques de l'eau et de l'air, les premiers étant approximativement huit cents fois plus considérables que les seconds, il faudrait, malgré que la vitesse de déplacement dans l'air soit très supérieure à la vitesse dans l'eau, une surface de gouvernail très étendue pour arriver à un résultat dynamique appréciable.

C'est la raison pour laquelle certains aviateurs ont cherché une disposition plus efficace pour réaliser l'effort normal d'incurvation de la trajectoire et, la plupart, à l'exemple des oiseaux, ont recouru à l'inclinaison transversale de la voilure d'ailleurs facile à provoquer soit au moyen du *gauchissement* (Wright), soit à l'aide d'*ailerons d'extrémités* (Blériot), soit, enfin, par le *déplacement* approprié d'une *masse* à bord.

Si l'on représente alors, comme l'indique la figure ci-contre, l'aéroplane par une coupe schématique en travers, la trajectoire étant alors perpendiculaire au plan du dessin, la réaction f fournit deux composantes f_1 et

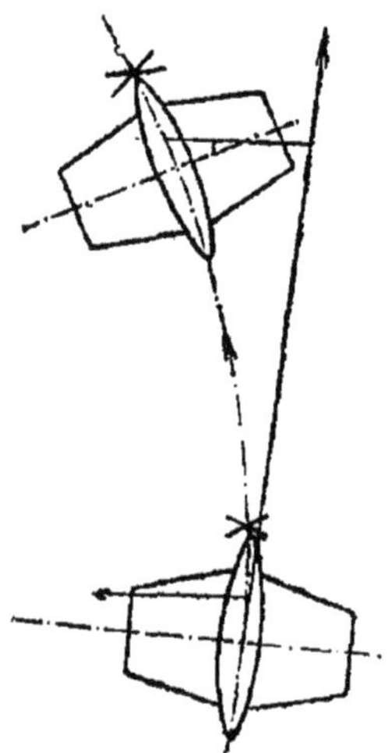

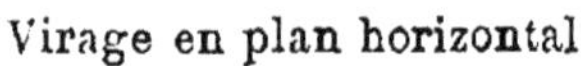

Virage en plan horizontal.

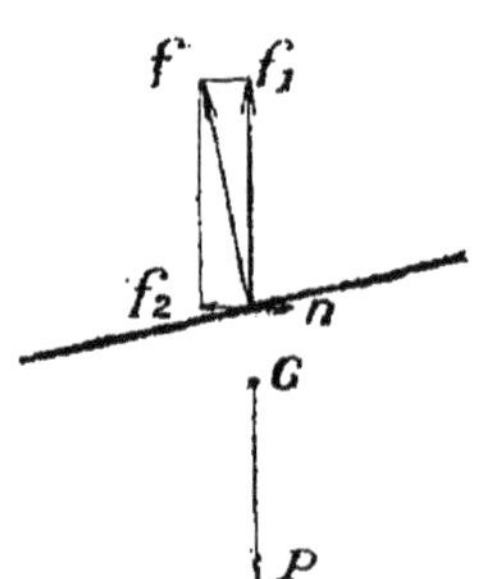

Effet de l'inclinaison ou transversale de la voilure.

f_2 dont l'une, verticale, compense le poids remorqué, et l'autre, horizontale, représente l'effort d'incurvation de la trajectoire.

Ceci suppose une condition à peu près réalisée : le déplacement négligeable du centre de pression.

On complète, en général, cette disposition d'un gouvernail de direction, mais celui-ci n'est pas absolument nécessaire et pourrait être vraisemblablement supprimé sans inconvénient.

IV. — La stabilité des aéroplanes

On peut définir la stabilité d'un aéroplane comme l'aptitude présentée par ce dernier à amortir et éteindre toute déviation produite par une influence extérieure quelconque. Plus particulièrement, si cette déviation s'exerce dans le sens de la trajectoire (équivalent aux mouvements de tangage des navires), la stabilité corres-

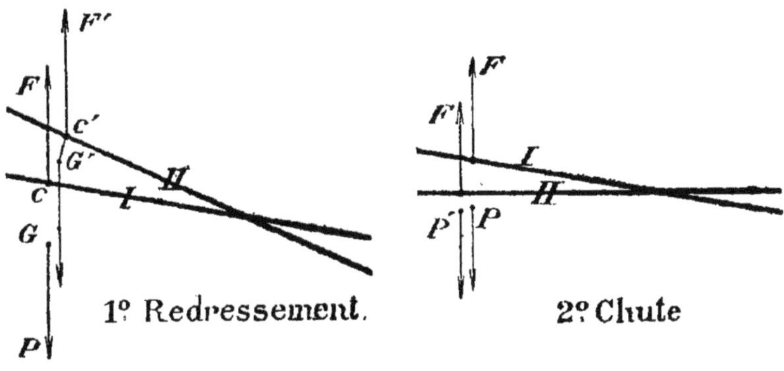

Insuffisance de la stabilité automatique obtenue statiquement sans empennage.

pondante est dite *longitudinale* ou *verticale de route;* si elle s'exerce à droite et à gauche de la trajectoire (équivalent aux mouvements de lacet), la stabilité est dite *latérale de route*, et, enfin, si elle s'exerce autour de la trajectoire (roulis), la stabilité est dite *transversale.*

Le problème de la stabilité peut être résolu *statiquement*, par la disposition judicieuse des organes ou bien *dynamiquement* par l'intervention du pilote ou d'auxiliaires fonctionnant automatiquement et instantanément dès que l'équilibre est rompu.

La première de ces deux solutions est précaire, il suffit, pour s'en rendre compte, d'examiner les déplacements du centre de pression avec les écarts angulaires de la voilure; si ceux-ci engendrent un accroissement de l'angle d'attaque, il se produit bien un couple stabilisateur, mais, dans le cas contraire, où l'incidence est diminuée par les oscillations, il se peut que l'effort F devienne trop faible et provoque la chute à pic de l'appareil.

On retrouve une fois de plus, à ce sujet, l'utilité de l'*empennage horizontal* qui limite les déplacements vers l'avant du centre de pression par la création d'un couple antagoniste du précédent.

En ce qui concerne la *stabilité transversale,* on a préconisé la forme en V des surfaces alaires pour rétablir automatiquement l'équilibre de l'appareil déversé latéralement. Toutefois, cette disposition, d'efficacité contestable quant aux inclinaisons moyennes de route, devient tout à fait dangereuse dans les cas d'embardée obliques.

Les moyens de stabilisation longitudinale. — Parmi les moyens de stabilisation horizontale, l'*empennage horizontal* est le plus apte à amortir rapidement les oscillations engendrées dans le sens de la trajectoire. Dès que celles-ci apparaissent, il crée un couple antagoniste d'autant plus puissant qu'il est plus éloigné du centre de gravité.

D'ailleurs, dans le but d'éviter un mouvement pendulaire exagéré, ce dernier, contrairement à une opinion répandue, ne devra pas être placé trop bas au-dessus du centre de pression.

Quant au ralentissement nécessaire des oscillations, il est assuré par une répartition rationnelle des masses à bord.

Il est ainsi possible de résoudre *statiquement* et *automatiquement* le problème de la stabilité longitudinale, qu'une forme adéquate de carène et de voilure facilitera encore, par la formation d'un lit fluide sur lequel l'appareil glissera pendant sa marche.

Les moyens de stabilisations latérale et transversale. — La *stabilisation latérale de route*, c'est-à-dire l'aptitude de l'aéroplane à corriger ses écarts en direction de part et d'autre de la trajectoire, revient à assurer la permanence de la direction « tête au vent ».

On conçoit, d'après cette définition, que la pratique qui consiste à revêtir la proue de la carène d'un couvre-corps lisse et, par suite, à provoquer une résistance à la pénétration oblique relativement grande, comparée à la résistance latérale de l'appareil, doit être pernicieuse pour rendre instable cette direction « tête au vent ».

C'est une considération dont il y aura lieu de tenir compte dans l'établissement d'un aéroplane et le constructeur sera vraisemblablement mieux inspiré en supprimant le couvre-corps pour le remplacer par un fuselage convenable des pièces principales de la carène.

En ce qui concerne la *stabilité transversale*, elle sera partiellement réalisée par l'utilisation de *grandes envergures* qui provoqueront, au déversement, la création d'un couple redresseur, ou par des *cloisonnements* verticaux formant cellules avec l'empennage horizontal. Néanmoins, ces procédés perdent leur efficacité par temps agités et il est préférable de faire appel à des procédés *dynamiques* de stabilisation : le *gauchissement* de la voilure, ou mieux, pour ne pas faire intervenir l'habileté et le sang-froid toujours faillibles du pilote, un organe (*pendule ou gyroscope*) entrant en jeu avec l'effet perturbateur.

Le *pendule* seul, malgré qu'il ait donné d'heureux résultats à bord des navires (tel l'appareil Crémieux, composé d'un tube rempli de liquide épais au milieu duquel se déplace une sphère métallique et qui réussit à réduire 90 p. 100 des oscillations du remorqueur sur lequel il fut expérimenté) conviendrait peu pour rester indifférent aux faibles perturbations et être dangereusement influencé par la force centrifuge durant les virages.

Le *gyroscope* doit ses effets stabilisateurs à la résistance offerte par un disque pesant, tournant à grande vitesse, à tout changement d'orientation de son axe. La permanence de ce dernier constitue une sorte de barre d'appui rigide dont il a été proposé de tirer parti comme procédé de stabilisation.

Néanmoins, il convient d'assurer au système un jeu suffisant pour ne pas lui permettre de nuire à l'inclinaison de la voilure nécessaire à l'accomplissement des changements de direction.

L'inconvénient du gyroscope résulte non seulement de la difficulté à réaliser cette dernière condition, mais aussi de l'excès de puissance motrice indispensable à l'établissement et l'entretien de sa vitesse de rotation, en même temps que du poids qu'il doit posséder pour fournir un effet utile suffisant.

M. Marmonnier surmonte ces inconvénients par une combinaison ingénieuse du pendule et du gyroscope qu'il utilise à la commande automatique du gauchissement de la voilure.

Son gyroscope est constitué par deux volants calés sur un axe horizontal à l'extrémité d'un pendule. Celui-ci est formé d'un tube, à l'intérieur duquel passe l'arbre de commande des volants, lui-même commandé par une boîte d'engrenages transmettant la puissance motrice de l'extérieur. Le pendule est prolongé au-dessus de son point d'articulation par un levier qui suit ses positions et commande par câbles les plans de gauchissement. Toutefois, un encliquetage permet d'assurer

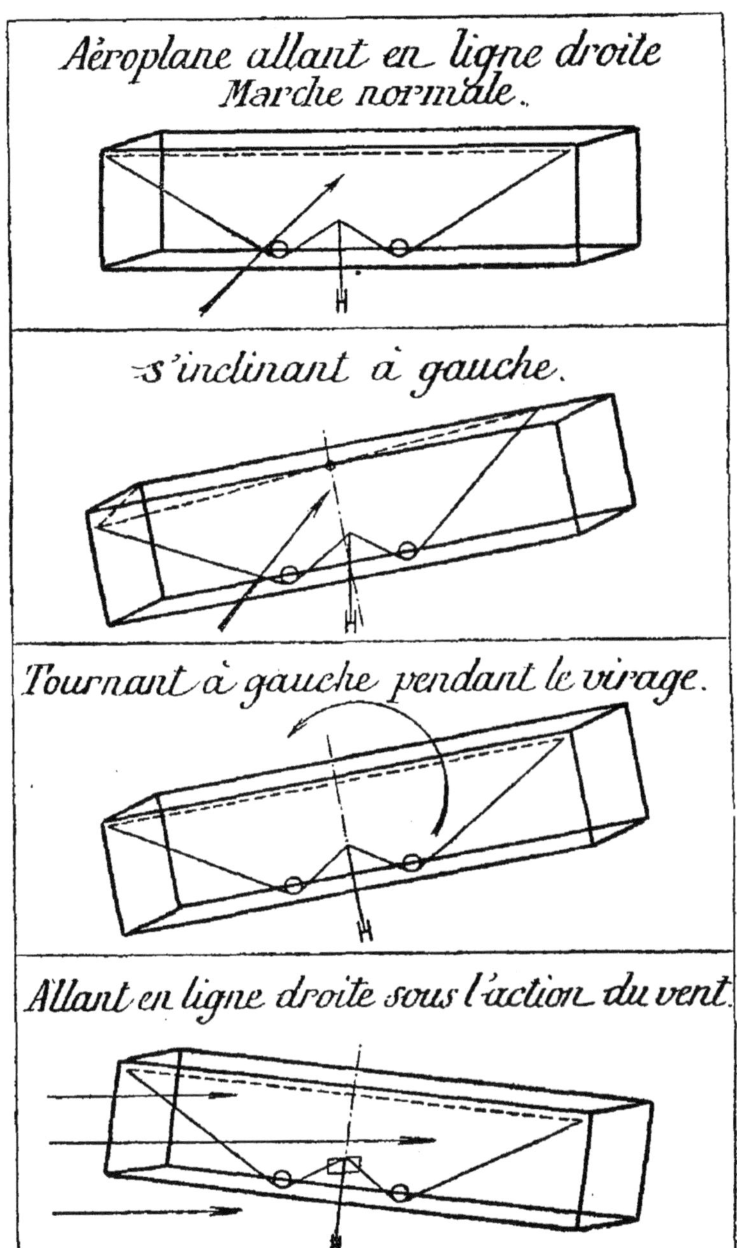
Aéroplane allant en ligne droite
Marche normale.
s'inclinant à gauche.
Tournant à gauche pendant le virage.
Allant en ligne droite sous l'action du vent.

ou de supprimer à volonté la solidarité existant entre le pendule et le levier et de rendre ainsi possible la manœuvre du gauchissement par l'aviateur.

Les différents modes de fonctionnement de l'appareil sont les suivants :

Lorsque l'aéroplane évolue en ligne droite, le pendule est à sa position de repos ainsi que les plans gauchissants. Dès que l'aéroplane s'incline, le pendule, restant vertical, fait gauchir la voilure et rétablit l'équilibre.

Lorsque l'aéroplane exécute un virage, le stabilisateur est rejeté en dehors par la force centrifuge et provoque encore, dans cette éventualité, le gauchissement nécessaire à l'incurvation de la trajectoire.

En outre, dans le but d'assurer à l'aéroplane une position stable, compatible avec la direction d'un vent oblique, le pendule gyroscopique est surmonté d'une surface plane orientée dans son plan de symétrie et capable d'incliner l'aéroplane pour produire le gauchissement le plus favorable. Le même dispositif facilite, d'ailleurs, les changements de direction dans le cas difficile où le vent, soufflant du côté du virage, fait obstacle à l'établissement de la compo sante d'incurvation.

Telle est, succinctement résumée, la solution élégante qu'a donnée M. Marmonnier de la stabilisation par gyroscope.

D'autres appareils, basés sur le même principe et réalisant le même but, sont actuellement à l'étude : plusieurs essais pratiqués sur certains d'entre eux ont pu être poursuivis avec plein succès. Il n'est pas douteux que de prochaines révélations nous apporteront la solution définitive de la stabilisation grâce à laquelle l'Aviation franchira les limites du domaine sportif où elle est restée jusqu'ici captive, pour entrer dans la voie des applications pratiques, si curieusement attendues.

CONCLUSIONS

Les Applications pratiques de l'aéroplane.

MAINTENANT que nous arrivons au terme de notre courte étude, il nous faut résoudre une dernière question qui hante la pensée des admirateurs de l'aéroplane : l'emploi pratique du plus lourd que l'air sera-t-il prochainement possible?

Hormis les considérations, tant d'ordre philosophique que social dont certaines imaginations fertiles ont fait les bases d'une doctrine du pacifisme universel, il est vraisemblable de supposer que l'ère des applications est proche, et nous n'en voulons pour preuves que les remarquables expériences effectuées en 1908 et 1909, à l'aide d'appareils aisément perfectibles.

Quelles sont donc les améliorations nécessaires dont ils se trouvent encore dépourvus?

Indépendamment des conditions que nous avons reconnues indispensables dans la suite des précédents chapitres, l'aéroplane devra être capable d'enlever deux personnes : un pilote exclusivement chargé de la direction et un passager pouvant faire office d'aide-mécanicien ou d'observateur et apte à remplacer le pilote en cas de défaillance de ce dernier.

D'ailleurs, la conduite de l'appareil devra être facilement assurée avec une seule main agissant sur un volant unique, tel que celui du monoplan de Blériot.

En outre, l'appareil devra être particulièrement étudié pour effectuer facilement des glissades en vol plané, afin de réduire les pannes du moteur aux cas de simples incidents sans danger pour le personnel. Celui-ci sera d'ailleurs installé dans des conditions de confort suffisantes pour qu'il puisse s'y maintenir pendant un temps prolongé sans fatigue exagérée : dans ce but, un *pare-brise* sera ménagé à l'avant des pilotes et un *silencieux* sera prévu sur l'échappement du moteur.

A bord, quelques instruments indispensables : indicateur de vitesse, baromètre altimétrique, indicateur d'horizontale, etc., compléteront les *impedimenta* usuels.

Quant à l'altitude judicieuse, nous avons reconnu précédemment l'utilité des hauteurs de l'atmosphère (quelques centaines de mètres), où l'océan aérien ne se trouve plus troublé par des remous et des vents variables résultant du voisinage des obstacles terrestres. Néanmoins, le pilote devra toujours conserver la vue du sol qui lui procurera les uniques repères de sa route.

A plus forte raison, ces considérations d'altitude valent-elles en cas d'applications aux usages militaires. A ce point de vue, celles-ci semblent devoir être limitées à l'exécution des *reconnaissances*, la transmission des ordres étant un service déjà abondamment pourvu, ne justifiant pas, à lui seul, l'introduction de l'aéroplane dans l'armée.

Ne retenant donc que la première application aux

reconnaissances, quelles sont les conditions auxquelles devra répondre un appareil destiné à cet emploi?

Tout d'abord, l'appareil devra pouvoir prendre son essor, aussi simplement que possible et par ses seuls moyens, sur un terrain non préparé mais, cependant, suffisamment dégagé.

En outre, comme dans le cas des applications civiles, il devra enlever deux hommes, dont l'un, celui chargé des observations, devra être particulièrement exercé, sachant à l'avance en quels points plus spécialement intéressants il devra porter son attention, car il ne faut pas oublier que les grandes vitesses de translation auxquelles l'appareil sera soumis compliqueront singulièrement cette opération.

L'altitude sera suffisamment élevée pour permettre de fouiller le terrain et de découvrir les troupes dissimulées derrière les abris. Elle sera sensiblement plus élevée que dans le cas des applications civiles et pourra couramment atteindre 300 mètres.

Ce n'est pas à dire que, à cette altitude, l'appareil sera entièrement en dehors de la zone dangereuse des projectiles, mais, grâce à son extrême mobilité, il compliquera sensiblement le réglage du tir de l'artillerie qui aura les plus grandes chances de rester inefficace. D'ailleurs, il ne sera pas nécessaire d'avancer jusqu'au-dessus de l'ennemi, il suffira de choisir une altitude d'observation suffisamment élevée en parcourant, si c'est nécessaire, des orbes à la façon des oiseaux planeurs afin de soumettre plus longtemps à l'examen les points jugés intéressants.

Telles sont, ajoutées aux considérations mécaniques précédemment exposées, les conditions auxquelles devra répondre un aéroplane militaire.

Ces conditions sont-elles maintenant satisfaites par

les appareils actuels? Évidemment non, mais nous pressentons bien qu'elles sont tout près de l'être : Farman et Blériot n'ont-ils pas réussi déjà de véritables voyages entrecoupés d'atterrissages et d'essors consécutifs? D'ailleurs les envolées à deux sont maintenant fréquentes et l'altitude possible a déjà atteint une hauteur supérieure à 100 mètres (W. Wright, le 18 décembre 1908).

Rien n'est moins utopique, par conséquent, que l'aéroplane aux besoins d'une armée en campagne, et la sollicitude avec laquelle le département de la Guerre fait suivre les expériences d'Aviation, prouve suffisamment l'intérêt que lui reconnaissent les plus hautes compétences militaires du monde entier.

L'Aviation en 1908

Nous ne rappellerons pas ici les émouvantes et nombreuses péripéties qui marquèrent les progrès de l'Aviation depuis le 13 janvier 1908, où le kilomètre bouclé fut effectué pour la première fois par H. Farman à Issy-les-Moulineaux jusqu'aux 124 km. 700, parcourus le 31 décembre de la même année, par W. Wright au camp d'Auvours.

Nous ne pouvons éviter de mentionner, cependant, les remarquables performances de *Léon Delagrange*, qui, le 11 avril 1908, ravit à Farman la coupe Archdeacon par un vol de 3 925 mètres, et fit admirer en Italie, par une série d'expériences publiques, les progrès de la science dont il s'était fait le champion ardent.

A peu près simultanément, *H. Farman* effectuait à Gand une campagne d'essais au cours de l'un desquels il prit à son bord M. Archdeacon, et le 6 juillet, il s'attribuait le *prix Armengaud jeune*, par un vol de plus de vingt minutes. Enfin, le 30 octobre, il accomplissait le premier véritable voyage en aéroplane de Bouy à Reims.

D'autre part, l'apôtre du monoplan, *Louis Blériot*, réussissait, le 6 juillet, un vol de huit minutes, le plus long qui ait été effectué à cette époque sur un appareil de ce type, et le 31 octobre, il exécutait, de Toury à Artenay et retour, le premier voyage en circuit fermé avec escales à travers champs.

Entre temps, Delagrange le 17 mars, Blériot le 29 juin, puis le *R. E. P.*, puis l'*Antoinette* s'attribuaient successivement les prix de 200 mètres créés par la commission d'Aviation de l'Aéro-Club de France.

Il nous faut maintenant compléter la liste de ces valeureux résultats, de la série des triomphes remportés par *W. Wright* en France. Parmi ses prouesses progressives, ses vols prolongés avec et sans passagers, ses ascensions à 100 mètres de hauteur, sa magnifique campagne est jalonnée par la conquête de nombreux records, dont la plupart sont encore debout à l'heure actuelle.

Le 30 septembre, après 48 km. 120 de parcours, il s'attribuait un prix de 5 000 francs créé par la Commission d'aviation de l'Aéro-Club. Le 30 novembre, il partageait avec H. Farman le prix de hauteur et clôturait ses prestigieuses expériences, le 31 décembre 1908, en s'adjugeant le prix Michelin d'Aviation, avec un parcours de 123 km. 200, qu'il porta à 124 km. 700, établissant ainsi le record du monde de distance par vol mécanique en même temps que le record de durée.

L'Aviation en 1909

Il était à supposer que l'impulsion gigantesque donnée à l'Aviation durant l'année 1908 ne tarderait pas à fournir, dès le premier semestre de 1909, de nouvelles et glorieuses performances.

Hormis les expériences tentées par *Zipfel* à Berlin, en février, expériences dont les résultats furent amoindris par une longue période de mauvais temps, nous eûmes à enregistrer : *le 11 mars*, une envolée de W. Wright à Pont-Long qu'il parvint à réaliser, sans le secours de son pylône de lancement, par la seule action de ses hélices sur son rail *non allongé*.

Quelques jours après, *le 24 mars*, *MM. Tissandier* et *de Lambert*, tous deux élèves de Wright, gagnaient chacun un des prix des 250 mètres créés par la Commission d'aviation de l'Aéro-Club de France.

Le dernier de ces prix fut, d'ailleurs, attribué *le 9 avril* à *M. Demanest*, expérimentant son aéroplane *Antoinette V*, au camp de Châlons.

Notons encore une démonstration sensationnelle de Wilbur Wright présentée à Rome le 26 avril. Négligeant non seulement son pylône *mais aussi son rail de lancement*, il s'éleva aisément après que son flyer eut glissé sur le sol, sous la poussée unique de son hélice. Le glissement s'étendait sur 150 mètres de longueur. Il revint se poser sur le sol et répéta une seconde fois la même expérience avec une égale facilité. Ajoutons, d'ailleurs, que c'est par ce résultat fort remarquable, qu'il avait déclaré possible sans jamais en fournir jusqu'à cette époque de vérification expérimentale, qu'il clôtura la série de ses mémorables expériences en Europe.

Après le départ de *Wilbur Wright*, ses élèves ne tardèrent pas à affirmer brillamment leur virtuosité personnelle. Le *20 mai*, au Pont-Long, près de Pau, *Paul Tissandier*, à bord de l'aéroplane du maître, tenait l'atmosphère pendant 1 h. 2 m., se classant ainsi à la troisième place parmi les détenteurs des plus grands vols mécaniques réalisés.

Empressons-nous d'ajouter que ce rang d'honneur lui fut ravi, le *5 juin*, par *Latham* à bord de son aéroplane *Antoinette IV*, au camp de Châlons.

Depuis la journée du *22 mai*, durant laquelle il avait gagné à Demanest, par un vol de 37. m. 37 s., le record mondial du *monoplan*, Latham poursuivait un entraînement quotidien, méthodique, progressif qui devait bientôt porter ses fruits. Le 5 juin, à 6 h. 40 du soir, il prenait son essor pour s'élever à 40 mètres de hauteur et ne regagner le sol qu'à 7 h. 47 m. 37 s., après un vol de 1 h. 7 m. 37 s., dont la longueur kilométrique ne put malheureusement être mesurée. Néanmoins, cet exploit lui assurait le record mondial des monoplans et le record français du vol mécanique.

Enfin, *le 6 juin*, il gagnait le prix Ambroise Goupy, destiné au premier aviateur qui franchirait à travers champs une distance minimum de 5 kilomètres comptés en ligne droite. L'expérience avait duré 14 minutes et s'était poursuivie à près de 60 mètres de hauteur.

Quelques jours après, il enlevait successivement plusieurs passagers et évoluait en vol plané avec une aisance remarquable, prouvant tout à la fois ses brillantes qualités d'aviateur et la technique consommée des ingénieux créateurs de son appareil.

Il résulte de ces dernières performances que le tableau comparatif des plus grands vols mécaniques est actuellement le suivant :

W. Wright, 31 décembre 1908, à Auvours : 124 km. 700 en 2 h. 20 m. 28 s. (Records du monde de durée et de distance et Coupe Michelin 1908.)

H. Farman, 19 juillet 1909, au camp de Châlons : 1 h. 23 m. (Record français de la durée.)

O. Wright, 12 septembre 1908, à Fort-Myers (U.S.A) : 1 h. 15 m. 20 s. (Distance non mesurée, record américain.)

H. Latham, 5 juin 1909, au camp de Châlons : 1 h. 7 m. 37 s. (Distance non mesurée, record mondial des monoplans.)

P. Tissandier, 20 mai 1909, au Pont-Long : 1 h. 2 m., 57 km. 500.

L. Blériot, 13 juillet 1909, d'Étampes à Chevilly : 45 minutes, 41 km. 500 (Prix du voyage en ligne droite.)

H. Farman, 29 septembre 1908, au camp de Châlons : 43 minutes, 42 kilomètres.

Performances en hauteur.

W. Wright, 18 décembre 1908, au camp d'Auvours, atteint une hauteur maximum de 115 mètres au-dessus du sol.

Paulhan, 18 juillet 1909, à l'aérodrome de Douai, maintient une hauteur maximum de 150 mètres au-dessus du sol pendant 57 minutes.

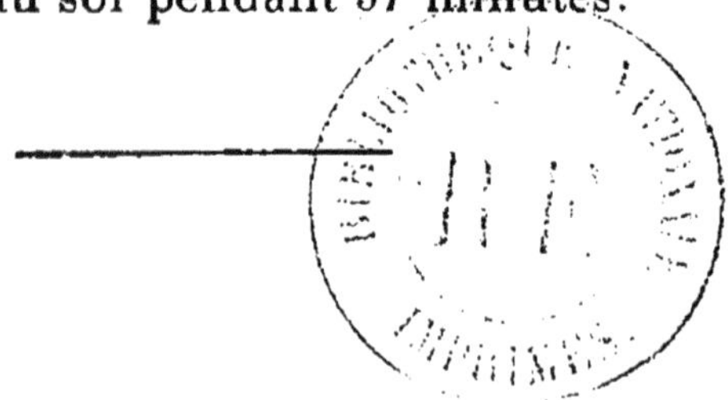

TABLE DES MATIÈRES

CHAPITRE PREMIER

Les Notions indispensables de mécanique

CHAPITRE DEUXIÈME

Divers procédés d'investigation

LES OISEAUX

LES PETITS MODÈLES

CHAPITRE TROISIÈME

Les Organes constitutifs d'un aéroplane

CHAPITRE QUATRIÈME

Quelques aéroplanes contemporains

LES MONO-PLANS

CONCLUSIONS

Les Applications pratiques de l'aéroplane

Imp. de J. Dumoulin, à Paris 278.7.09

[illegible]

PARIS, [illegible]

[illegible]

[illegible]

Ouvrage adopté par le [illegible]

[illegible] *par* [illegible]

in-8° [illegible] planches hors texte. Broché [illegible]

Ouvrage adopté par le Ministère de l' [illegible]

Les Dangers du [illegible]

[illegible]

[illegible]

[illegible]

[illegible]

broché [illegible]

[illegible]

[illegible]

La vie [illegible] Champagne, par [illegible]

[illegible] Chaque volume in-8° [illegible]

broché [illegible]

[illegible]

www.ingramcontent.com/pod-product-compliance
Ingram Content Group UK Ltd.
Pitfield, Milton Keynes, MK11 3LW, UK
UKHW020125200726
13856UKWH00002B/750